ensaios escolhidos

Augusto Meyer

ensaios escolhidos

Seleção e prefácio de
Alberto da Costa e Silva

2ª edição

© Herdeiros de Augusto Meyer

Reservam-se os direitos desta edição à
EDITORA JOSÉ OLYMPIO LTDA.
Rua Argentina, 171 – 1º andar – São Cristóvão
20921-380 – Rio de Janeiro, RJ – República Federativa do Brasil
Tel.: (21) 2585-2060   Fax: (21) 2585-2086
Printed in Brazil / Impresso no Brasil

Atendemos pelo Reembolso Postal

ISBN 978-85-03-00966-9

Capa: INTERFACE DESIGNERS / SERGIO LIUZZI
Foto de capa: ARQUIVO DE FAMÍLIA

CIP-Brasil. Catalogação-na-fonte
Sindicato Nacional dos Editores de Livros, RJ.

M559e	Meyer, Augusto, 1902-1970 　　Ensaios escolhidos / Augusto Meyer; seleção e prefácio de Alberto da Costa e Silva. – 2ª ed. – Rio de Janeiro: José Olympio, 2008.
	Inclui bibliografia 　　ISBN 978-85-03-00966-9
	1. Literatura – História e crítica. 2. Literatura brasileira – História e crítica. I. Silva, Alberto da Costa e, 1931- . II. Título.

08-3092	CDD – 809
	CDU – 82.09

SUMÁRIO

Apresentação   7

O estilo é o homem   13

Epístola a Porfírio   18

Números mágicos   22

Não sei quê   27

Pergunta sem resposta   36

O noivo da estátua   58

Nova Odisséia   63

Heráclito   68

Tradução e traição   72

A aposta de Pascal   78

Teatrinho crítico   84

Solilóquio do Hamlet   90

Leão morto e cão vivo   97

Gobineau e a paisagem inédita   102

Sempre Dostoievski   110

Os dez maiores romances   129

Um pouco de Garrett   136

Uns olhos verdes-verdes   145

Três navios negreiros   152

O homem subterrâneo   162

Entusiasta e místico   170

Da sensualidade   177

Os galos vão cantar   187

O enterro de Machado de Assis   195

Eça   206

O mundo da lua   218

Nota sobre Euclides da Cunha   224

A salamanca do jarau   234

Negrinho do Pastoreio   253

Os textos   277

Índice onomástico   279

AUGUSTO MEYER

Alberto da Costa e Silva

Augusto Meyer enrola devagar o cigarrinho de palha. A luz que vem da janela avermelha ainda mais os seus cabelos lisos, partidos quase ao meio e penteados para trás. A testa é ampla. O rosto comprido, com maçãs salientes e queixo forte. Os olhos, muito claros, acompanham a bondade da voz, da qual o sotaque gaúcho nunca se despedirá.

— Percorra com cuidado o Stradelli — ele me diz. — O *Vocabulário nheengatu-português* não pára de nos dar surpresas. Aqui, ao traduzir-se uma palavra indígena, descreve-se um tipo particular de rede de dormir; ali, surgem os vários tipos de beiju de mandioca; mais adiante, quase sai da página uma espécie de formiga malcheirosa.

Meyer me havia encarregado de preparar uma antologia de lendas indígenas e costumava chamar-me à sua sala de diretor do Instituto Nacional do Livro, com o pretexto de saber do andamento do trabalho. Na realidade, ele ia dizendo aos meus dezenove anos como organizar o pequeno livro que queria:

— Você já viu o Couto de Magalhães, o Brandão de Amorim, o Roquette-Pinto, o Koch-Grünberg. Veja agora o Barbosa Rodrigues, o Capistrano, o Baldus, o Curt Nimuendaju.

E dava-me o nome dos livros e indicações seguras sobre onde encontrá-los. Se estava em dúvida, erguia-se, a magreza a espichar-lhe o corpo e a lhe encurvar os ombros, fazendo-o parecer mais alto do que era, e ia consultar um volume na estante. De volta à escrivaninha, a conversa podia alongar-se, sair da rua principal e ganhar travessas e becos inesperados — o que vinha nos jornais, poetas e poesia, a Idade Média, arreios de cavalos, a meninice em Proust. Às vezes, Meyer demorava-se em reminiscências sobre Porto Alegre e sobre o convívio com o meu pai, quando, em 1929 e 1930, este morou na cidade. Da Costa e Silva — eu disto saberia mais tarde — já então identificava em Augusto Meyer um poeta "intoxicado de cultura cosmopolita", que vivia naquele "estado de radicalismo aristocrático que Brandes inventou para Nietzsche".

Durante a conversa, Meyer podia parecer distraído ou a olhar para anteontem, mas a impressão era falsa, pois não lhe escapara uma só palavra do que lhe dizia. O que nele mais me impressionava não era a extensão e a profundidade de seus saberes, mas a elegância com que os manejava, uma elegância de quem sabe que, nos trajes, o talhe mais simples é sempre o que melhor nos cai. Ele trazia dos livros o capítulo, o parágrafo ou a frase que tinha por mais reveladora ou original, punha ao lado dessa personagem aquela outra, inventada cem anos antes, confrontava episódios de obras em línguas diferentes, jogava contra o espelho de suas leituras passadas a leitura recente. Lia, comparando, e comparava, lendo. Os comentários lhe saíam claros e breves. Como claros e, em sua maioria, breves são os textos que nos deixou, limitados pelo espaço de que dispunha nos jornais. Mas quanta cousa ele era capaz de pôr em três ou quatro laudas datilografadas! Sendo o tamanho do alvo tão pequeno, a pontaria tinha de ser muito precisa. Meyer parecia, no entanto, convencido de que um enredo contado em cinco linhas, se perfeito, podia valer um romance.

Cada um de seus pequenos estudos sobre literatura carrega escondidas estantes de leituras. Lembra-me certa noite de 1958, em que, de viagem para Nova York, fui despedir-me dele, em Botafogo, e perguntar-lhe se queria que lhe trouxesse algum livro. Ficou a conversar comigo sobre Camões — o Camões em que estava enfeitiçadamente mergulhado — e começou a mostrar-me tudo o que tinha sobre o poeta e enchia toda uma parede da sala. Desse mergulho resultou, além de ensaios breves, um longo estudo — longo para as dimensões a que nos acostumara Augusto Meyer — intitulado *Camões, o bruxo*, que como outro, *Le Bateau Ivre*, foram elaborados para servir de base a classes universitárias de teoria literária. Sobre ambos, escreveria Augusto Meyer, que eram dedicados ao seu ouvinte, "aquela presença humana, de olhar atento, que obriga a pesar cada palavra". O que não nos disse nessa dedicatória, mas como poeta sabia, é que, ao ler, ouvimos.

Escrevendo ou falando, Meyer evitava as palavras vãs. Deixo-me arrastar para as memórias daquelas conversas em que éramos, mais de uma vez, juntos, Alexandre Eulálio, Fausto Cunha, Samuel Rawet e eu, os alunos devotados. Eram aulas de bem pensar e de bem dizer. Dá-me pena o terem sido tão poucas aquelas de que participei, porque, mesmo quando não estava a viver no exterior, era arisco demais, amante do meu canto e temeroso de incomodar os outros.

Ganhei, porém, um dia quase inteiro com Augusto Meyer, em 1961 ou 1962. Ele estava de passagem por Lisboa, e saímos pela manhã, a correr os alfarrabistas. Eu procurava o primeiro volume da edição de 1865 das *Obras* de João Francisco Lisboa, e ele, o que houvesse de Raul Brandão, autor por quem andávamos enamorados. Meyer teria tido um dia mais feliz do que o meu — encontrara, logo na segunda ou terceira loja, exemplares das *Memórias* —, se não houvessem sido para mim horas venturosas as que passei a vê-lo a acariciar livros, a conversar com eles, a revelar-me este, a indicar-me a partir daquele um outro, a entusiasmar-se com um achado que não podia adquirir porque estava com excesso de peso. Fomos almoçar com dona Sara, já então muito enferma, queirosianamente no Tavares e, após deixá-la a repousar no hotel, saímos a subir e descer ladeiras, primeiro, até o Terreiro do Paço e, depois, até o crepúsculo, ele a juntar às reminiscências de leituras cada pedaço de paisagem.

Recordo-me de que, certa vez, me manifestei irritado com as notas de pé de página de um autor e o acusei de não saber incluir no texto o que continham. Augusto Meyer, mestre de ser gente, começou por concordar comigo, mas não demorou em esclarecer que só o fazia naquele caso específico, porque em outros a nota de pé de página tinha vida própria, uma vida própria tão importante ou até mais importante do que o texto principal. Meyer podia ter apresentado como exemplo a nota nº 3 a "Um pouco de Garrett"

— um verdadeiro ensaio dentro de outro, sobre as inovações estilísticas daquele autor. Meyer não ficou satisfeito com essa extensa nota de pé de página e voltou ao tema da descrição de Joaninha em todo um novo ensaio — e que belo ensaio! —, "Uns olhos verdes-verdes".

Os dois estudos estão neste volume, que se quis pequeno, porque pequenos foram quase todos os livros que Augusto Meyer publicou em vida. Estendo desde logo a mão à palmatória pelas omissões. É difícil fazer-se uma antologia dos ensaios de Meyer, porque se tem de escolher entre textos todos excelentes. Renunciei a uma tarefa que me deixaria sempre insatisfeito. O que procurei foi apresentar um conjunto de exemplos que revelam a amplitude de seus interesses e a sensibilidade, a graça, a limpidez e a justeza com que abordava os grandes e os pequenos temas da história literária e com que voltava aos seus autores prediletos, de Homero a Simões Lopes Neto, passando e repassando por Machado de Assis. São estudos dos quais o poeta Augusto Meyer jamais se aparta do crítico comparatista e do erudito, um erudito que não pontificava, mas propunha, aludia e insinuava, afetuoso e sutil.

Espírito cosmopolita, leitor dos clássicos gregos e latinos e das literaturas em línguas alemã, espanhola, francesa, inglesa, italiana e portuguesa, Augusto Meyer jamais se despregou de sua província natal. A lembrança do Rio Grande do Sul lhe adoçava a alma. Amava não só os seus autores, mas também, e talvez principalmente, as criações anônimas do povo. Falava-se em folclore gaúcho e ele se punha, de imediato, inteiro, para depois derramar-se em admirações.

Sua gauchesca enchia estantes. Conhecia como poucos a história rio-grandense. E andava com a Porto Alegre de sua mocidade sempre na memória. Porque não deixou jamais de ser, para usar a expressão com que meu pai o definiu, "um menino deslumbrado pela vida", é um exilado de seus pagos quem, nos dias que de mim já se foram, enrola devagarinho o cigarro de palha.

O ESTILO É O HOMEM

"Les ouvrages bien écrits seront les seuls qui passeront à la posterité: la quantité des connaissances, la singularité des faits, la nouveauté même des découvertes, ne sont pas de sûrs garants de l'immortalité. Si les ouvrages qui les contiennent ne roulent que sur de petits objets, s'ils sont écrits sans goût, sans noblesse, et sans gênie, ils périront, parce que les connaissances, les faits, et les découvertes s'enlevent aisément, se transportent, et gagnent même à être mis en oeuvre par des mains plus habiles. Ces choses sont hors de l'homme: le style est l'homme même: ne peut donc ni s'enlever, ni se transporter, ni s'altérer..."

BUFFON

A o criar o estilo, tenta o escritor aproveitar o seu ritmo instintivo e orgânico na criação de um *eu ideal*, com movimento menos acidental, menos vacilante e sincopado; há sempre diante dele, e no próprio impulso que lhe dita a frase, um regente a marcar compasso, um modelo interior e inatingível, que recua à proporção do seu avanço, indicando-lhe na brancura da página o rasto a seguir, o passo a acertar pelo seu passo. Em tal sentido, como aparente mecanismo, o estilo é um faro fino, um ouvido apurado, uma segunda natureza e a intuição de um rumo certo.

Mas nesse *eu ideal* também se integram as normas que recebeu de herança e apurou como cultura e, ao mesmo tempo, certa corrente literária com sua linguagem peculiar, onde acomoda as preferências pessoais.

O estilo, portanto, é mais que o homem, para poder transmitir-se e viver: é o seu esforço na criação de um outro eu, que fala uma linguagem ideal, não a sua algaravia cotidiana, feita de clichês, anacolutos, vícios de elipse e reticência.

O registro mecânico da sua linguagem familiar, à margem da composição do estilo, ou mesmo no curso dessa composição, caso ele pudesse manifestá-lo em alta voz, daria quando muito um monstruoso disco balbuciado e gaguejado, a salsugem da expressão tateante, a baba do estilo, mas nunca o próprio estilo. Por mais notável que fosse como documento psicológico da expressão articulada em busca de um ritmo, não poderia apresentar o menor interesse estético, de criação definida.

É que o estilo é mais que o homem — a tentativa de superação do homem, na expressão do eu idealizado, já em sentido abstrato. A essa altura, começa propriamente o domínio da personalidade, percebemos com alguma nitidez a divergência entre o homem e o autor. Sobreposto à criatura ao mesmo tempo concreta e virtual de que se alimenta, para poder viver noutra dimensão, a da palavra fixada em ritmo criador, o Autor transcende o homem, projeta-se no tempo, salta por cima da sua cova, com toda a vantagem de poder transformar-se em essência transmissível por meio da leitura e renascer indefinidamente, ao calor da compreensão; só ao nosso lamentável vício psicológico, pois, devemos a tendência para cultivar a biografia do homem, em detrimento da biografia do autor, que é a história da obra em sua projeção no tempo.

Há uma experiência fácil, ao nosso alcance imediato, para comprovação dessa inevitável desconformidade entre autor e homem: a gravação de poemas recitados pelo próprio autor. Que impressão dúbia experimentamos, ouvindo a versão em disco de um texto conhecido, a começar pela indistinção dos gêneros, que leva a dramatizar os mais puros momentos líricos! Arrebata-nos o mais precioso privilégio do lirismo, que é a identificação com o próprio autor, como se participássemos do mistério da criação poética e a nós mesmos nos interpretássemos: não é a voz do autor, é a voz do homem que ouvimos, essa espécie de intruso com a sua dicção indiscreta, quase sempre inesperada e chocante; ela impede a comunhão perfeita com o poema, pois introduz na emoção um elemento impuro de presença direta, ou pelo menos a sugestão demasiado crua dessa presença. E tudo acaba na mera curiosidade prosódica, menos que isso, num sensacionalismo de ocasião. Sem dúvida, a voz do homem abafa a confidência do poeta, como a ênfase de um alto-falante deforma em caricatura gritada a naturalidade de um timbre.

Dir-se-á que é importante saber como se interpreta a si mesmo o autor, no próprio interesse do estudo estilístico. Mas na verdade, se pudéssemos ouvir, ao chiar da agulha mágica, os rugidos do velho Flaubert, quando repassava pelo *gueuloir* as cadências de suas laboriosas vigílias, pouco ou nada avançaríamos na compreensão do seu estilo, que é sugestão de um ritmo ideal e não dramatização momentânea desse ritmo. Decerto os berros do bom gigante, em vez de acentuar a fluidez do seu imperfeito narrativo, a leve monotonia do seu movimento ternário, apoiado numa copulativa sintética, obrigariam todo o mundo a tapar prudentemente os ouvidos...

De algum modo, quando se afirma que o estilo é o homem, há uma preocupação de considerar exclusivamente a singularidade característica da sua expressão, e daí a observação de Thibaudet: "Non seulement le style c'est l'homme, mais le style c'est un homme, une réalité physique et vivante". Porém logo a seguir acrescenta, num remate que torna a postular a complexidade da questão: "Les lignes et la marche d'une phrase rendent pour un artiste les lignes et la marche de son corps idéal, du corps qu'il se serait donné s'il s'était créé". Definição que, partindo de uma imagem plástica, peca talvez por excesso de plasticidade.[1]

Criar "um corpo ideal" é apenas um modo pitoresco de dizer que, na composição do estilo, o homem tenta superar-se, criando o modelo idealizado da sua expressão, no qual as formas instintivas ou imediatas da sua linguagem deverão integrar-se, mas passando por transfigurações de ritmo que lhe conferem forma definitiva, estabilidade consciente e o sentido de uma harmonia superior.

O grave defeito dessas definições repetidas de boca em boca é a sedução fácil da sua petulância elementar: trocam a verdade, que é sempre incômoda e complexa, por uma sen-

---

[1] Albert Thibaudet: *Gustave Flaubert*, Gallimard, 1922.

tença pitoresca, de sucesso garantido. Na maioria dos casos, também refletem a mutilação de um pensamento original menos simples, muito mais matizado em seu contexto.

Quando Buffon afirma, em seu discurso de recepção na Academia: "o estilo é o próprio homem", tem apenas o intuito de contrapor a expressão subjetiva e criadora, que é a originalidade individual, às verdades gerais do conhecimento objetivo, que podem ser de todo o mundo: "Ces choses sont hors de l'homme, le style est l'homme même: le style ne peut ni s'enlever ni se transporter", diz então.

Isolada, porém, a frase, recortada arbitrariamente na continuidade lógica de um discurso, entrou a enfunar-se, a crescer de sentido, e afinal transformou-se num dos tantos chavões que servem de tempero ao pensamento mais confuso. Tudo cabe na afirmativa irrestrita que lhe atribuíram, inclusive a asma de Proust, a gagueira de Machado, a epilepsia de Dostoievski e os males de entranha do pobre Eça...

Preto & branco

EPÍSTOLA A PORFÍRIO

O melhor, nestas coisas de escrevinhação e aprendizado, é começar pela modéstia, relembrando a observação de Charles Bailly: "Na verdade, a pessoa mais culta conhece quando muito uma terça parte das palavras catalogadas nos dicionários, e longe estão os dicionários de um registro completo dos vocábulos de uma língua". É claro que isto não deve ser interpretado como convite ao menor esforço: trate não só de comprar dicionários e gramáticas, mas de estudá-los a fundo, armado de paciência e lápis. A leitura dos dicionários serve ao menos para mostrar que você, deletreado amigo, às voltas no momento com uma cabeça-de-ponte para os lados do russo e já de namoro com o árabe, não conhece ainda essa estranha terra natal chamada língua portuguesa.

De resto, para consolo seu, quem a conhece realmente? Agora mesmo, um senhor Vilem Flusser nos revela, pelo *Estado de S. Paulo*, que já começou a piar na casca um novo português, o *sermo riobaldinus* de João Guimarães Rosa. Como vê, portanto, em vez de preceitos claros e conselhos doutorais, eu só posso dar, em resposta gaguejada a sua consulta, algumas sugestões contraditórias, para não dizer absurdas.

A primeira é esta: sabendo de antemão que lá pelos fins da vida não chegará a conhecer senão uma quarta parte (Bailly é otimista) dos tesouros da sua língua, nem por isso você conquistou o direito de bocejar sobre os dicionários. Trate de capinar essas glebas enquanto há fôlego, ao menos para saber o sim e o não das palavras, o como, o quando, o onde. É programa delicioso, para muitos e longos arrependimentos: gasta os olhos, come a vida, endurece as juntas e não dá lucro senão aos anjos.

E então, meu incauto Porfírio, se você nasceu com a vocação do estilo ornado e torrencial, não há dicionário que chegue; terá de debulhar por inteiro os tomos gordotes dessa ramalhuda família de escritores, inclusive as obras completas de Rui Barbosa (empalideceu?), o que só parece excessivo, como exercício de ascese, para quem não conhece por dentro o masoquismo heróico das ambições literárias. Aproveite, que na terra dos doutores a sobriedade é vintém furado, e na dos ricos de verbo é o reino dos céus.

Eu, para falar a verdade, prefiro ficar na terra. No meu obtuso entendimento, aprender a escrever é aprender a escolher, cheirar, pesar, medir, sacudir antes de usar, apalpar, comparar e afinal rejeitar muito mais que adotar linguarudas famílias de palavras, que atravancam a memória e impedem que a gente se ouça um pouco, nos raros momentos de diálogo e murmúrio subjetivo. Para mim, o escritor é uma espécie de jejuador perpétuo: condenado a transformar toda a exuberância da vida em dois ou três compassos da sua música interior, inatingível na essência mais profunda, jejua à mesa posta dos seus desejos, castigando com cilício as luxúrias do verbo. Uma de menos... uma de menos... uma de menos... assim soa a minha contabilidade parcimoniosa de pobre ou remediado, e não é que eu não sinta a nostalgia da opulência, uma tal ou qual inveja amarela dos donos do idioma. Sou como aquelas crianças tímidas, dos programas de TV, que não sabem explorar ao máximo a sua vez de empilhar brinquedos; escoa-se o tempo e deixo cair metade da carga. Ou melhor, sou como aquele homem dos ferrinhos, numa grande orquestra. Leva toda a noite, sério, simples e humilde, numa imobilidade fascinada, à espera do aceno providencial do maestro. A sublimidade sinfônica saberá que neste baixo mundo existe a ambição dos ferrinhos? Mas de súbito, quando já o Diabo lhe atirava poeira nos olhos e começava a resvalar para o sono, o Deus da orquestra, bracejando como um possesso, volta-se para o seu lado, parece até que vai piscar-lhe o olho: é agora... E soam lá no Céu, numa aberta para os coros celestiais, os meus indispensáveis ferrinhos...

E, não obstante, coçando as minhas dúvidas e fechando com tédio e perplexidade os dicionários, muitas vezes pergunto a mim mesmo se os ricos serão tão ricos, se não basta aos pobres a riqueza semântica, a manha do estilo. E aí está, Porfírio amigo, aí está a nossa vingança e a consolação dos ferrinhos: a polissemia é o ouro dos pobres, é esse ouro de fino quilate chamado qualidade, que não respeita as burras atulhadas de libras da bestial quantidade. A riqueza de matizes na modulação dos significados, a flexibilidade combinatória, a "cálida juntura" de Horácio continuam a valer, muito mais que todas as cornucópias da abundância, como instrumento de estilo. É a concentração expressiva, a agilidade da magreza, que sabe aproveitar no momento oportuno a sua vantagem sobre as enxúndias verbais. A seu lado, parecem balofas todas as formas abertas, oferecidas e femininas do barroquismo, com seu relaxamento perdulário.

Não esqueça, porém, que este elogio da magreza não obriga ninguém a uma dieta forçada; só vale para os magros, para os tímidos, para o homem dos ferrinhos. E que graça teria uma banda magricela de ferrinhos? Numa grande orquestra há de tudo, harmoniosamente contraposto, do tonitroante ao aflautado e seráfico.

Creio, portanto, que estamos perdendo tempo, eu e você, com esta nova epístola aos Pisões e em assunto que não admite nem receita, nem conselhos, nem dedo magistral apontando regras, apenas vagos palpites contraditórios, como eu dizia acima. Se usei de alguma ironia, foi contra mim mesmo. Tudo aí, meu futuro mestre, vai depender do respeito à consonância e adequação entre o *se* e o *mas*, o *todavia* e o *contudo*: uma relatividade generalizada. Nesse terreno de sabão e atoladouro, haja instinto, pertinácia, manhas da experiência. E, contanto que você não escreva: *de vez que... frente a...* e outras elegâncias da hora, disponha para sempre da minha "solidariedade admirativa", como dizia Borges de Medeiros, quando não queria comprometer-se.

A forma secreta

NÚMEROS MÁGICOS

Aproveitando pesquisas laterais da sua tese *Genèse de l'Odyssée, Le fantastique et le sacré* (Presses Universitaires de France, 1954, 699 p.), Gabriel Germain publicou no mesmo ano um opúsculo intitulado *Homère et la mystique des nombres*, que está pedindo comentário. Como logo prevê o leitor, puxa a fieira o número três, com 123 ocorrências no texto homérico, deixando quase a perder de vista o doze, o nove e o vinte.

Friedrich Goebel já havia observado que o triadismo em Homero corresponde a uma repetição intensiva; representa a soma de esforços, no interior de uma ação. Outro pesquisador, Cuillandre, autor de um estudo sobre o destrismo nos poemas homéricos, vê no uso do três uma série de fatos ou momentos, completando um ciclo perfeito. Mas a insistência triádica nos poemas homéricos, reforço iterativo da expressão, que afinal cristaliza em formas estereotipadas, como o *terque quaterque* dos latinos, envolve também uma remanescência de hábitos rituais e, se remontamos um pouco nas suas origens, não consegue apagar uns vestígios de magia.

Abarcando coisas tão diversas como as tríadas divinas, ou cosmogônicas, os esquemas ternários, que são um verdadeiro vezo especulativo em todos nós, e os três espirros que prometem saúde, sorte e sucesso, o triadismo apresenta várias modalidades e deixa a marca tríplice dos seus passos em todos os caminhos do pensamento. Um dos mais significativos exemplos é o da tripartição social em classes; o modelo mais antigo é o da Índia, com sacerdotes, guerreiros e agricultores-criadores (*brahmana, kçattriya, vaiçya*), mas logo pensamos nas três tribos dórias, nas fratrias atenienses, nas três tritias — e quem deixará de lembrar o *Tiers-État*? Todas estas discriminações primárias da estrutura social complementam-se paralelamente na doutrinação política. Mais de dois mil anos antes de Montesquieu, Aristóteles já sustentava a tese dos três poderes. Diz muito bem Mc Gee, em seu estudo *Primitive Numbers*: "The mystical three... a customary charm-number, survives also, in all manner of trigrams of mystic or symbolic character". O sortilégio desse número chega a corporificar-se em dura realidade jurídica; assim, por exemplo, as três provas das epopéias ou dos contos de fadas, da tradição céltica e germânica, transformaram-se em comprovação da inocência pela ordália.

Wundt, na *Methodenlehre der historischen Wissenschaften* e nos *Philosophische Studien*, denunciou esta nossa viciosa tendência em sistemas filosóficos e teorias com um traço de espectrismo e revivescência mítica. Citava o método dialético de Fichte e Hegel, a lei dos três estados, de Augusto Comte, as três séries vitais de Avenarius e outros casos de triadismo ingênuo. Lembrarei ainda o processo dinâmico da tríada no Neoplatonismo de Atenas, que corresponde à clássica subdivisão platônica da filosofia, lógica, ética, física e há de refletir-se nas divisões tricotômicas de Santo Agostinho e da filosofia escolástica. O abuso do esquema triádico pelos hegelianos levou a uma decomposição de tudo em três momentos dialéticos, que já se manifesta no próprio Hegel e na sua confusão entre o nexo dos conceitos distintos e a síntese dos contrários. Otto Weininger, num ensaio inacabado sobre os movimentos cíclicos e a irreversibilidade do tempo, foi talvez o primeiro a sugerir essa pesquisa exaustiva do três, três, três... Insinuante é a lábia desse retorcido gancho e não custa muito imaginar o que se poderia colher, estendendo a pesquisa aos mitos, à fábula, às sagas, à história das religiões, ao mundo imenso da inventiva no campo da efabulação literária...

Por falar em literatura, creio que a influência triádica atingiu as culminâncias da perfeição e da vertigem na estrutura da *Divina comédia*, onde três e nove assumiram valor de ritmo construtivo. Três reinos, três cânticos em metro ternário; cada cântico integrado por trinta e três cantos, se consideramos proêmio o canto primeiro. Além do vestíbulo, nove círculos do Inferno; nove repartimentos do Purgatório, além do Paraíso Terrestre; e nove Céus. Três feras e três mulheres; três ordens de pecados no Inferno; três ordens de penitências no Purgatório; três ordens de espíritos no Céu. E finalmente, no fecho dos três cânticos, aqueles três versos que são as três modalidades do hendecassílabo italiano com as variantes acentuais nos três ictos: na quarta sílaba métrica, na oitava e na décima; na quarta, na sétima e na décima; na segunda, na sexta e na décima:

E quindi uscimmo a riveder le stelle.
Puro e disposto a salire alle stelle.
L'Amor che move il sole e l'altre stelle.

Mas nem tudo é três na rica imaginação pitagórica dos homens. Dois, quatro, cinco, sete, oito e nove também são campos minados pela ambigüidade mítica e mística. Deixemos em paz o sete, número bíblico e venerável, também consagrado na antiga Pérsia e na Índia. Baste agora dizer que, do ponto de vista etimológico, prestar juramento em hebraico é "colocar-se sob o signo do sete". Quatro já sabemos que impõe a sua influência a uma extensa área, em todos os continentes, por meio de representações cruciformes; comprova-o o signo da cruz, simbolizado principalmente pela suástica, que é de todos os tempos e lugares. Mas considere-se ainda a ocorrência dos "quatro elementos", dos "quatro ventos", na cartografia medieval, dos "quatro evangelhos", dos "quatro cavaleiros do Apocalipse", dos três mosqueteiros, que eram quatro. Quadrimal era a numeração dos antigos maias e astecas. Por influência dos equinócios e solstícios, sem falar nos símbolos cruciformes, a influência do quatro chegou a estender-se a muitos setores. O cinco resplandece nas cinco pontas do pentagrama, o mais famoso símbolo das artes mágicas, a estrela da sorte e do exorcismo. O nove, sob a forma de "noves fora", resistiu heroicamente à sua decadência naqueles processos aritméticos ainda usadiços no meu tempo de menino.

Restam dois números pares: dois e oito, os números simbólicos do Extremo Oriente, China e Japão. Mas já vimos que nenhum poderá competir com o imperialismo absorvente do três, do rei dos números mágicos, o verdadeiro rei mago; por sinal, todos sabem que os reis magos eram três, não contando o número três... Há também o *Griphus ternarii numeri*, de Ausônio, poeminha em que o número três é o próprio tema:

> *Ter bibe vel toties ternos: six mystica lex est...*
> "Bebe três vezes ou três vezes três: é a lei da mística."

A forma secreta

NÃO SEI QUÊ

Que motivo é este do "não sei quê", pergunta o Leitor; e eu respondo: Amai para entendê-lo, pois só quem ama pode sentir, viver, interpretar um pouco da franja humana do indizível, e até do inescrutável. A impossibilidade de exprimir qualquer coisa por meio de palavras é uma espécie de limite, o limite necessário da indefinição, tarja de penumbra, mistura portanto de sombra e luz, que a cada passo acompanha o intérprete das coisas que nos rodeiam, seja poeta, filósofo, místico, ou não sei o quê... O místico será sempre neste caso o veículo ideal dessa mensagem desajeitada, em que o silêncio parece mais eloqüente; o homem fala, então, para confessar que não sabe dizer o que está sentindo, pois a plenitude não cabe em palavras.

Mas o meu propósito aqui é modesto e literário, e se estou aludindo à experiência mística, é que naqueles altos cimos da expressão truncada, o motivo do "não sei quê" deita as suas raízes mais profundas. Não vou agora citar os trabalhos de Rudolf Otto, reportar-me ao "numinoso", ao "mysterium fascinans", ao "deinos" dos gregos; pretendo apenas lembrar o esforço compreensivo dos ocidentais diante da "teologia negativa" dos monges budistas, quando tentam esclarecer a essência do significado implícito em "Nirvana". Eduard von Hartmann já havia levantado a questão em seu ensaio: *Was ist Nirvana?*, e em Rudolf Otto se acha resumida para nosso uso, ao relatar a sua conversação com um daqueles monges. Depois de expor a doutrina do "Anatman", isto é, de que a alma não é jamais um eu autônomo e persistente, e da total vacuidade, instado a definir o "Nirvana", acabou o monge confessando, num murmúrio: "Bliss, unspeakable". Neste "unspeakable", neste "inefável" está contido o exemplo do limite ideal do nosso motivo: a forma suprema do "não sei quê".

Também no Ocidente — e bastaria citar o Mestre Eckhart — a modalidade mística de "não sei quê" informa todo um setor poético da literatura de cunho religioso; bom exemplo Barroco é o *Peregrino Querubínico*, de Angelus Silesius, onde o "não sei quê" exerce as funções do motivo para as variações desdobradas em dísticos. Tempo houve em minha inquieta mocidade, em que os alexandrinos pareados de Angelus Silesius me pareciam jaculatórias sedativas, que ajudavam a travar a insaciável angústia metafísica. Vai de caminho um exemplo mais acomodado ao meu tema. "Eu amo só uma coisa e não sei o que é", dizia o poeta; e no outro verso passava a explicar que havia escolhido essa coisa misteriosa para objeto do seu amor precisamente por ser um não sei quê:

Ich lieb ein einzg Ding und weiss nicht, was es ist,
Und wel ich es nicht weiss, drum hab ich es erkiest.

Nosso grande mestre Dámaso Alonso transcreve do *Thesoro de varias poesias* (1580) uma "coplilla" glosada "a lo divino":

> Por sola la hermosura
> nunca yo me perderé,
> sino por un no sé qué
> que se halla por ventura.

Podemos acompanhar neste caso a translação intencional do sentido; o motivo literário transformou-se em canto místico. Mantendo certa ambigüidade na expressão poética, aludindo ao mote profano, ao passo que o eleva e purifica numa glosa "a lo divino", o glosador Cruz parece dizer ao leitor: Veja bem, meu amigo, o "não sei quê" verdadeiro não é esse que anda glosado a torto e a direito na obra dos poetas namoradores, ou enamorados, é próprio mistério da revelação do amor a Deus, o "não sei quê" da graça divina...

Mas cá embaixo, no humilde chão da literatura, o motivo comporta algumas observações de tópica, sem grandes vôos. Comece a pesquisa pelo exemplo dos exemplos, aquele não sei quê dos mais leves toques de Camões, puro respiro de poesia:

> Aquele não sei quê,
> que espira não sei como,
> que, invisível saindo, a vista o vê,
> mas para o compreender não acha tomo...

Ou no fecho do maravilhoso soneto:

> Um não sei quê que nasce não sei onde,
> vem não sei como, e dói não sei porquê.

Boscán já dizia: "Dulce gustar de un no sé qué sin nombre" e Tasso aludia a um "non so che confuso". O motivo aqui é a confissão do que há de indizível nas penas e cuidados do amor. Na intenção poética de Camões, serve para atestar o inefável que há na beleza da mulher amada, e obscuro império da paixão amorosa. "Um não sei quê, suave, respirando, / causava um admirado e novo espanto", dirá noutra canção.

Um não sei quê, dizia o Poeta, reduzindo a uma síntese resignada a confissão da sua incapacidade expressiva, diante das contradições do sentimento amoroso. E vamos descobrir o mesmo *não sei quê* e o mesmo *um* repetido várias vezes, mas agora sob a forma analítica, naquela enumeração insatisfeita de qualidade em que ao mesmo tempo se enlaçam e repelem:

> Amor é um fogo que arde sem se ver,
> é ferida que dói, e não se sente;
> é um contentamento descontente,
> é dor que desatina sem doer.
>
> É um não querer mais que bem querer;
> é um andar solitário entre a gente;
> é nunca contentar-se de contente;
> é um cuidar que ganha em se perder.

No próprio momento da definição: *amor é um... é um...* já se manifesta o indefinido, e cada afirmativa (é...) será anulada pelo seu contrário, dando assim a entender que é e não é. Neste *um* está implícito o *não sei quê* da indefinição do amor, conforme o conceito do *dolce stil novo*, aproveitando o difundido por Petrarca. A indefinição, ou melhor, o sentimento vivo dessa indefinição, não impede a eficácia do abalo amoroso, que só pode ser conhecido através da experiência.

> Imaginar non pòte om che nol prova,

resumia Guido Cavalcanti; e referindo-se à *dolcezza*, Dante repete:

> che intender no la può chi no la prova.

Este *um* que é muitas cousas contraditórias, transfundidas numa essência indefinível, nem por isso perde o seu caráter de singularidade. Sentido, experimentado, vivido, é inconfundivelmente uma só cousa, mas, diante da sua evidência, que é de qualquer modo uma evidência complexa, um complexo de estados emocionais, o Poeta só consegue reagir pela humilde confissão da sua inefabilidade. Em princípio, ou em termos de história literária, o que se tentava criar dentro da temática amorosa era um ensaio de dialética do amor. Mas a importância do tema — o tema do *não sei quê*, do *um* que é e não é — transcende esses limites restritos e literários, envolvendo o problema da expressão.

Um pensamento medíocre, de alcance limitado, facilmente se entrega à ilusão de definir o seu objeto de conhecimento com perfeita clareza. Basta-lhe em tudo a aparência imediata e nítida que é a face exterior das cousas, perfil oferecido logo e sem esforço ao rigor das definições. Também uma intuição poética do mesmo alcance — digamos: parnasiana — adere com facilidade à ilusão das formas acabadas, imaginando que tudo cabe com maior ou menos esforço no âmbito rotineiro dos seus meios expressivos. Quando, porém, se aguça cada vez mais o pensamento cognoscitivo, ou a estesia poética se afina cada vez mais, começa a aparecer a complexidade das cousas, revelando-se do mesmo passo o lado problemático e impreciso do mesmo objeto que à primeira vista parecia tão simples; de súbito, numa verdadeira pontada de lucidez, ressalta a pobreza dos meios expressivos diante de uma superfície aprofundada em outras dimensões. O *um* que parecia um só e bem definido, começa a indefinir-se em divergências insuspeitadas, em séries dialéticas e contraposições de antítese. O *não sei quê* vai desfocando a imagem solar em franjas difusas, não acabando de esboçar contornos que logo se desmancham na tentativa de outros contornos... E não obstante, é inegável a intensidade da sua presença viva e una — um certo quê, um não sei quê —, por mais que a lealdade obrigue o filósofo, obrigue o poeta a confessar a sua desarmada incapacidade, quando tentam defini-la ou encerrar um pouco da sua essência no corpo de um verso.

Em Corneille, perdendo o aveludado camoniano, a expressão atinge uma extraordinária força de persuasão:

Souvent je ne sais quoi qu'on ne peut exprimer
Nous surprend, nous emporte et nous force d'aimer.

E o "je ne sais quoi" lhe sugere um belo verso, mais a audácia imprevista do seu uso no plural:

II est des noeuds secrets, il est des sympathies
Dont par le doux rapport les âmes assorties
S'attachent l'une à l'autre et se laissent piquer
Par ces je ne sais quoi qu'on ne peut expliquer.

No século XVII, o "não sei quê" andava no ar, se é possível dizer assim, pois correspondia ao desejo de afinamento e requinte dos preciosos, à influência do Cultismo, aos delíquios formais e teóricos do "amour précieux". Limita-se Corneille, em *Medée* e *Rodogune*, a aproveitar a linguagem poética de clima sentimental que já circulava antes no romance e no teatro. A famosa definição de Mlle. de Scudéry parece repetir com variante leve a própria chave do soneto camoniano: "O amor é um não sei quê, que vem não se sabe como e acaba sem saber por quê".

Tudo isso naturalmente mais tarde passa ao Romantismo, com alguns reflexos no Simbolismo. O "je ne sais quoi de vague", da *Nouvelle Heloise*, vai ecoar longamente em Chateaubriand, Baudelaire, Nerval e nos poetas simbolistas. A propósito do uso e abuso de "vago" no Eça, o professor Guerra da Cal aponta vários exemplos, mas esqueceu-se do melhor de todos, que é a definição da beleza ideal, de

Baudelaire: "Quelque chose d'ardent et de triste, quelque chose d'un peu vague".

Mas não devemos resvalar insensivelmente para o terreno da vaguidade como efeito procurado e sugestão consciente da expressão de arte. Meu tema é a consideração de um não sei quê substantivado e o definido em motivo literário. Pois também existe a locução "não sei quê" para servir de bordão cômodo e arrimo, nos momentos de aperto, espécie de santo amigo a que a gente se agarra com ares humildes, quando o termo preciso não acode logo à memória. Referindo-se a La Rochefoucauld, dizia Retz: "Il y a en lui du je ne sais quoi". Assim procedemos todos nós, perplexos fabricantes de dicionários, diante da complexidade indefinível das coisas que parecem mais simples: uma semelhança fisionômica, o sabor de um prato, o encanto de uma trova popular...

Com o tempero da malícia, o velho mote palaciano parece criar sangue novo na gala do povo cantador:

> Tengo un dolor no sé dónde,
> Nacido de no sé qué;
> Sanaré yo no sé cuando
> Si me cura no sé quién.

Até na poesia gauchesca deixou rasto seguro este motivo; lembrarei apenas o poema de José Alonso y Trelles, intitulado: "El no sé qué", onde, aliás, toma o significado de um mau pressentimento.

Ainda no século XVII, de tão repetido que foi em todos os tons, o mote provocou mais de uma reação crítica, na poesia satírica, nos arremedilhos da prosa burlesca. Mas a reação mais inesperada a essa deixa está contida no famoso fragmento 162 das *Pensées*, aquele mesmo em que aparece o nariz de Cleópatra, a modificar o curso da história. O "não sei quê" amoroso, tal como o descreve Corneille, sugere a Pascal uma das tantas investidas contra a vaidade, a versatilidade, o desacerto dos homens. A causa da paixão amorosa, diz ele, é um "não sei quê", e os efeitos são temíveis: "La cause en est *un je ne sais quoi* (Corneille), et les effets en sont effroyables. Ce *je ne sais quoi*, si peu de chose qu'on ne peut le reconnaître, remue toute la terre, les princes, les armes, le monde entier". E, depois de uma pausa bem pascaliana, buraco cheio de ameaças, acrescenta, numa espécie de caricatura da causalidade histórica: "Le nez de Cléopâtre: s'il eut été plus court, toute la face de la terre aurait changé".

A chave e a máscara

PERGUNTA SEM RESPOSTA

A Otto Maria Carpeaux

Quando Walter von der Vogelweide pergunta:

Owê war sint verswunden alliu mîniu jâr?
ist mir mîn leben getroumet oder ist ez wâr?,[1]

está casando num dístico admirável os dois temas tão repisados da poesia medieval e moderna, o tema da evanescência das cousas, implícito no motivo do *ubi sunt?*, e o grande tema Barroco *a vida é um sonho*, que se prolonga, com as mais ines-

---

[1]"Ai de mim, onde estão tantos anos meus que se foram? / Terei sonhado ou vivido a minha vida?" Aproveito o texto da ed. de Lachmann, atualizada por C. von Kraus (1936), cuja lição serve de base às edições recentes. Sobre a famosa Elegia, v. M. Wehrli: "Die Elegie Walthers", in *Trivium, Schweizerische Vierteljahrschrift für Literaturwissenschaft und Stilkritik*, I, 1942. Para uma introdução biográfica, v. o estudo de Uhland: *Walther von der Vogelweide*, na ed. preparada por Walter Reinöhl, Leipzig, Hesse & Becker Verlag, com introdução e notas. Há muitas versões atualizadas; abrem a lista de tradutores Uhland e Simrock. Em língua românica, só conheço uma tradução italiana da *Elegia*, por Guido Manacorda (Firenze, 1919) e a francesa de A. Moret, in *Poèmes traduits du Minnesang*, Mercure de France, março, 1950. Cf. ed. de W. Wilmans, última ed. 1924, rev. por H. Michel, com biografia, texto e comentário. Cf. W. Wilmans: *Leben und Dichten Walthers von der Vogelweide*, Bonn, 1882. Quanto ao passo referido da *Elegia*, cf. trad. de A. Bossert: "Helas! où sont allées toutes mes années?

peradas ramificações, pelos domínios literários do nosso tempo, especialmente o teatro. É verdade que, em Ibsen, Strindberg e Pirandello, para citar três nomes representativos, o tema das mil bocas sussurrantes — a vida é um sonho — adquiriu outro sentido, impregnou-se de um pessimismo filosófico amargurado e desesperado, em que o sonho muitas vezes se assemelha a um pesadelo.

Quem negará, todavia, que o essencial desse motivo obsedante atravessa o Romantismo e vai ecoar na ficção moderna, inclusive em Proust? Farinelli sem dúvida não chegou a esgotar todas as possibilidades de comentário que apresenta. Mas deixemos de lado, por enquanto, este mundo imenso de sugestões literárias e psicológicas, assim definido em solilóquio por Segismundo:

> Y en el mundo, en conclusión,
> Todos sueñan lo que son
> Aun que ninguno lo entiende.

Gostaria de desenvolver aqui somente algumas considerações acerca do outro motivo, o *topos* do *ubi sunt*, que no primeiro verso de Walter von der Vogelweide não se acha reproduzido, a rigor, como antiga *chapa*, ou *clichê*, consoante a receita habitual, mas apenas indicado em forma alusiva, ou melhor ainda, refundido numa síntese poética original:

/ Ai-je rêvé ou ai-je vécu? / Ce que j'ai pris pour la réalité, etait-ce bien réel? / J'ai dormi depuis, et j'ai perdu le souvenir. / Aujourd'hui, je me réveille, et ce que autrefois m'était familier / comme ma propre main, m'est devenu étranger. / Les hommes au milieu desquels j'ai passé mon enfance / ne me connaissent plus, et je doute moi-même si je les connais encore. / Ceux qui jouaient avec moi sont vieux et fatigués. / Le champ est retourné; les arbres de la forêt sount abattus…".

war significa *wohin* (*war* de *hwara*, ou *hwar*, em ahd.), e o poeta pergunta onde estão tantos anos de sua vida que se foram para sempre, e considera perplexo: terei sonhado ou de fato vivido a minha vida?

Ist mir mîn leben getroumet oder ist ez wâr?

Em versão atualizada: "Habe ich mein Leben geträumt oder ist es wirklich wahr?" E para não desvincular arbitrariamente do contexto os dois versos iniciais, darei ainda uma versão livre, mais atenta ao significado fiel que à sugestão poética da elegia:

Ai de mim, onde estão tantos anos meus que se foram?
Terei sonhado ou vivido a minha vida?
Aquilo que me parecia real existiu realmente?
Nesse caso, adormeci e já não sei de nada.
Desperto agora, e parece-me estranho
O que me era familiar como a palma da mão.
Pessoas e cousas que me viram criança
Tornaram-se estranhas, como se tudo fosse ilusão.
Os que brincavam comigo estão velhos e abatidos.
Lavrado está o campo, arrasado o bosque.

Diga-se de caminho que este canto do cisne, provavelmente dos anos de 1227, a dois passos da cova, é um dos momentos mais sublimados da poesia medieval, sem distinção de fronteiras. Talvez se pudesse afirmar, sem exagero, que também transcende outros limites no tempo, e sabendo a poesia de sempre, já se aproxima de certas manifestações elegíacas modernas. Como observou Hermann Schneider: "Er stellt sich nicht nur wie jener (refere-se a Wolfram von Eschenbach) durch Eigenwilligkeit und Leistung ausser der Reihe seiner Mitstrebenden und über sie, er tritt zu allen in Gegensatz, entgleitet seinem Jahrhundert und wir modern. Er sieht mit Augen und malt mit Farben, die sich deutschen Künstlern im allgemeinen nicht früher als durch den grossen inneren Umbruch der Renaissance erschlossen haben. Walther erscheint uns in vielem unmittelalterlich, übermittelalterlich."[2]

Mas naquele primeiro verso:

Owê war sint verswunden alliu mîniu jâr?
(Ai de mim, onde estão tantos anos meus que se foram?),

mal entrevemos uma alusão discreta — ou talvez inconsciente — à nossa pergunta sem resposta: *ubi sunt?* Servirá ao menos de epígrafe.

O *topos* rotulado *ubi sunt?* é uma venerável chapa retórica já no tempo de Villon. Corria mundo entre as poesias populares latinas da Idade Média. O povo, os doutores da Igreja, poetas, pregadores e tratadistas repetiam em todos os

---

[2]"Ele não se distingue apenas dos contemporâneos, superando-os pela singularidade e a produção, como aquele [como Wolfram von Eschenbach], mas contrapõe-se a todos eles, e esquivando-se às características do seu século, torna-se moderno. Vê e descreve as cousas como só ocorreria na produção artística alemã em geral, após a profunda transformação da Renascença. Walter parece-nos muita vez não-medieval, supermedieval". V. Hermann Schneider: *Heldendichtung, Geistlichendichtung, Ritterdichtung*, Heidelberg, Carl Winter, 1943, p. 459.

tons: "Ubi sunt qui ante nos in hoc mundo fuere?", "Ubi Plato, ubi Porfirius?". Como esclarece Étienne Gilson, em *De la Bible à Villon*, remontava o chichê a Salomão, Isaías, São Paulo, mas o mais provável, como observa Thuasne, é que fosse divulgado por Boécio, enciclopédia viva da época, a exemplo de tantos chavões e paradigmas que Ernst Robert Curtius andou a catar durante uma vida inteira. Em Boécio já se encontra a fórmula: "Ubi nunc fidelis ossa Fabricii jacent? Quid Brutus aut rigidus Cato?".

Nenhum dos outros motivos mais corriqueiros — a *Grande Deablerie* farandolando com seu cortejo de diabos rabudos e grotescos, os sermões da cova, do cadáver, da podridão, a Morte Inimiga, pedindo a palavra, a própria *Dança Macabré*, ou, se quisessem, Dança Macabra — chegou a conquistar a voga dessa fórmula interrogativa tão seca e direta, ameaçadora e cortante em sua brevidade: onde estão? *Ubi sunt?*

Italo Siciliano, em seu estudo *François Villon et les thèmes poétiques du Moyen Âge* (Colin, 1934), desenvolve o assunto, no capítulo intitulado "La Mort", e podemos ver aí como vai evolvendo o tema, cada vez mais amoldado à enumeração obrigatória de grandes amorosos, paladinos, reis e rainhas, cortesãs, heróis e sábios da Antigüidade. Acabou servindo de pau para qualquer obra: a história, a geografia, a Bíblia, as novelas, usos e costumes, obscenidades e sublimidades. "On y coula la mythologie, la Bible, l'histoire, la géographie, les romans, de petites affaires quotidiennes, des billevesées. Le pédantisme s'en mêlant, le manque de goût et de mesure opérant ses ravages bien connus, Dieu sait ce qu'il en sortit!".

O grande modelo foi certamente o famoso "rhythmus de contemptu mundi" atribuído a Jacopone da Todi: *Cur mundus militat sub vana gloria,* logo adaptado e imitado:

> Dic ubi Salomon, olim tam nobilis?
> Vel etiam Sanson, dux invincibilis,
> Vel pulcher Absalon, vultu mirabilis?
> Vel dulcis Jonathas, multum amabilis?
>
> Quo Cesar abiit, celsus imperio?
> Vel Dives, splendidus, totus in prandio?
> Did ubi Tullius, clarus eloquio,
> Vel Aristoteles, plenus ingenio?[3]

No terceiro volume da sua substanciosa edição crítica de Villon, Thuasne transcreve as estrofes do *Specule des Pecheurs* em que Jean Castel, ao glosar o mesmo tema, repete alguns passos do *rhythmus* de Jacopone:

> Ou est David et Absalon le sage?
> Absalonque vultu mirabilis?
> Ou est Sanson de force et de courage
> Tant merveilleux, dux invincibilis,
> Et Alixandre incomparabilis:

---

[3]V. *La Danse Macabre de Guy Marchant,* ed. facsimilar com notas de Pierre Champion, Paris, Édition des Quatre Chemins, 1925; Italo Siciliano, o. c., p. 256 sgs.; François Villon, *Oeuvres*, Edition Critique Avec Notices et Glossaire, par Louis Thuasne, T. III, Commentaire et Notes, Paris, Auguste Picard, Éditeur, 1923, p. 495 sgs.

Aristote, Tules et sa loquence
Dont tant piteuse en fut la consequence?

Quem mais abusou dessa pergunta sem resposta foi o honesto Eustache Deschamps: depois de deblaterar contra os males da época, enfileirava a perder de vista nomes e pontos de interrogação, inclusive a boa Penélope, a rainha Dido, Juno, Medéia, Genoveva, Isolda, a bela Helena e Semíramis, cerrados pelotões de mortos, tudo de cambulhada:

Ou est Anglas, le bon praticien?
Ou est le corps du sage Salemon
Ne d'Ypocras, le bon phisicien?
Ou est Platon le grant naturien
Ne Orpheus o sa douce musique?

A contar de certo momento, ajuntou-se à lengalenga dos nomes, a modo de remate pitoresco, uma sentença ou cláusula extraída do tesouro popular de provérbios e frases feitas: a mais corriqueira era "autant en emporte le vent", e Villon aproveitou-a para refrão de sua balada "en vieil langage françoys", medíocre pasticho sem respeito algum pela gramática da língua *d'oil*.

Em compensação, tomando como impulso criador a seqüela de nomes ilustres que formavam um catálogo dos mortos, o genial *escholier* conseguiu compor uma balada, a *Ballade des Dames du temps jadis*, que já não é dança macabra, nem lição de moral, nem variante de variante, muito menos chapa de chapa, é só poesia. Como observa

Leo Spitzer, em contraste com as terríveis estrofes anteriores do *Grande testamento*, que descrevem o suor da agonia, a miséria da velhice e a decadência da beleza feminina, a balada parece uma dança de recordações, musicalmente ritmada, deixando cair um gracioso véu sobre os horrores da morte. Coube uma dupla função ao estribilho: resumir todas as perguntas ansiosas do *ubi sunt?* e ao mesmo tempo, num resignado gesto, apontar para a evanescência natural das cousas:

Mais ou sont les neiges d'antan?

Spitzer analisa a importante função daquele *mais*: o *mas* revela serenamente a falta de sentido, a improcedência de cada pergunta, dando de ombros, mostrando o ritmo das estações. Eco irônico, é uma interrogação que na verdade não espera resposta alguma, e apenas se ouve ao longe, velada de uma serena surdina de entressonho. O *envoi* deixa bem claro que nem sequer deve ser conservado na memória o próprio refrão — "que ce refrain ne vous remaine", diz o poeta.[4]

Pierre Champion já havia mostrado, com apoio num exemplo de Charles d'Orléans, o efeito imprevisto que Villon soube tirar daquelas rimas *aine* e *is*, o encanto impreciso e a poesia vaga e alusiva daqueles nomes, em contraste com os dois nomes históricos: a grande Joana e a triste Heloïsa.

---

[4]V. Leo Spitzer: "Zur sprachlichen Interpretation von Wortkunstwerken", in *Kölner Romanistische Arbeiten*, I Band: *Romanische Stil — und Literaturstudien*, Marburg A. Lahn, 1931, p. 10 sgs.

Aproveito a oportunidade para uma simples sugestão de leitor curioso de variantes. Trata-se do verso "Ou sont ilz, Vierge souveraine?", 351 do *Testamento*. Gaston Paris, Pierre Champion e Albert Pauphilet adotaram a lição "Ou sont ilz, ou Vierge souvraine?", com repetição do advérbio *ou* e a forma *souvraine* em vez de *souveraine*. Gaston Paris (*Romania*, t. XXX, p. 373) dizia preferir a leitura do ms. C, fr.20041 da B.N., alegando que *souveraine* é forma desconhecida de Villon, o qual sempre usou *souvrain*. Vem Thuasne e critica: "Or, il n'en est rien. C. donne: *Ou sont ilz*, ou, *Vierge souveraine*, de même que AIPR et les incunables 3, 6, de la *Bibliographie*: *Ou sont ilz, Vierge souveraine*. La répétition de *ou* que figure déjá trois dois en quatre vers ne s'impose nullement une seconde fois au vers 351". Mas, penso eu comigo, aquela repetição de *ou*, com ou sem apoio concludente na crítica textual, não deixa de reforçar a expressão angustiosa da pergunta: onde?[5]

Mesmo na *Ballade des Seigneurs du temps jadis*, mais próxima do clichê *ubi sunt?*, o poeta soube evitar com habilidade o formalismo banal dos modelos imediatos. Escolhe os seus heróis na crônica de ontem, entre 1456 e 1461, introduz um flagrante realista: "Semblablement, le roy Scotiste / Qui demy face ot, ce dit on, / Vermeille comme une amatiste / Depuis le front jusqu'au menton?", fazendo-se de esquecido, acrescenta: "Helas! Et le bon roy d'Espaigne / Duquel je ne sçay pas le nom?", tudo artes admiráveis de

---

[5] V. Pierre Champion: *François Villon, Sa vie et son Temps*, Paris, Honoré Champion, 1913, vol. II, p. 186 sgs.

artista consciente, a espanejar com a fantasia solta as velharias mofentas.

Quanto à outra balada sugerida pelo mesmo *topos*, a *Balade en vieil langage françoys*, logo toma um sabor parodístico e inconseqüente de brincadeira gratuita, sem verdadeiras intenções de pasticho, pelo menos no sentido rigoroso de exercício literário. Gaston Paris, em seu *François Villon* (Hachette, 1901, p. 100), mostrou que o poeta, sem mais nem menos, trocava o *cas sujet* pelo *cas régime*, o *li* por *le*, distribuindo o *s* final a torto e a direito.

Às três baladas ainda convém acrescentar algumas oitavas do *Testamento* em que logo se percebe a influência do mesmo chavão, mas não sobra espaço aqui para acompanhar toda a ramificação tópica. Lembrarei apenas aquele trecho tão comovido, de um ritmo tão vivo no emprego da rima interna:

> Ou sont les gracieux gallans
> Que je suivoye ou temps jadis,
> Si bien chantans, si bien parlans,
> Si plaisans en faiz et en dis?

Na literatura espanhola, o mesmo esquema retórico apresenta uma evolução paralela, com idêntico aproveitamento original do tema, nas famosas *Coplas* de Jorge Manrique. Uma antologia comparativa, com a transcrição dos trechos correspondentes nas duas literaturas, mostraria a semelhança e ao mesmo tempo as divergências, conforme a derivação topológica. Na França, as primeiras investigações atinentes à filiação do motivo remontam aos antologistas de poesia medieval Félix Clément (*Les poètes chrétiens depuis le IVe siècle jusqu'au XVe*, 1854 e trad. em 1857, ed. Gaume Frères) e Édélestand du Méril (*Les poésies populaires latines du moyen âge*, 1847), citados por Sainte-Beuve em sua *causerie* de 26 de setembro de 1859, a propósito da originalidade de Villon em sua balada mais conhecida. No caso da literatura espanhola, a pesquisa começa muito mais tarde, pois em 1883, numa resenha crítica sobre as poesias de Valera, Menéndez y Pelayo, ainda apontava como único modelo imediato de Manrique para composição da famosa elegia as coplas de seu tio Gómez Manrique *al contador Diego Arias de Avila*. Só em 1910, já então resultado de seus estudos para a *Antologia de poetas líricos castellanos*, vem a ponderar: "Los que siguen la cómoda y perezosa opinión de reducir la poesía del siglo XV a las coplas de Jorge Manrique, sin hacerse cargo de sus innumerables y clarísimos precedentes, no leerán sin asombro el *dezir* que Sánchez Talavera compuso a la muerte del Almirante Ruy Días de Mendoza... contiene todos los pensamientos capitales y el más bello y celebrado movimiento poético de las famosas coplas, las cuales nada pierden con no ser una maravilla aislada..." E depois de citar os versos: "Por lo demás, estas ideas, estas imágenes, y aún la misma interrogación *qué se hizo?, a dó fué?* eran en aquellos tiempos un lugar común de la predicación y de la poesía".[6]

---

[6]V. Marcelino Menendez y Pelayo: *Historia de la Poesia Castellana en la Edad Media*, Madri, Victoriano Suárez, 1914, vol. II, p. 405 sgs.

Valerá a pena repetir a fieira interminável de pontos de interrogação? No *Rimado de Palácio*, pergunta López de Ayala:

> Dó están los muchos años que avemos durado
> En este mundo malo, mesquino y lazdrado?
> A dó los nobles vestidos de paño muy onrado?
> Dó las copas e vasos de metal muy preciado?
>
> Dó están las heredades e las grandes posadas,
> Las villas e castillos, las torres almenadas,
> Las cabañas de ovejas, las vacas muchiguadas,
> Los caballos sobervios de las siellas doradas?

E Ferrant Sánchez:

> Pues dó los imperios e dó los poderes,
> reinos, rentas e los señorios,
> a dó los orgullos, las famas e brios,
> a dó las empresas, a dó las traheres?
> A dó las ciencias, a dó los saberes,
> a dó los maestros de la poetría,
> a dó los rimares de grant maestría,
> a dó los cantares, e dó los tañeres?

Rosemarie Burkart, em seu admirável estudo *Leben, Tod und Jenseits bei Jorge Manrique und François Villon* (*Kölner Romanistische Arbeiten*, tomo I, Marburg a. Lahn, N. G.

Elwertsche Verlagsbuchhandlung, 1931, apêndice aos *Romanische Stil — und Literaturstudien* de Leo Spitzer), subdivide o poema de Manrique em três partes: a introdução, que é uma espécie de *memento mori*, estrofes I-13, o desenvolvimento do motivo *ubi sunt?*, estrofes 14-24, e a elegia propriamente dita, estrofes 25-40. Mas, sob esta disposição aparente do poema, cujo significado é mais formal que profundo, Rosemarie Burkart revela a verdadeira estrutura poética, baseada na advertência doutrinária e ascética das três modalidades da vida: a mundana e comum, evanescente e cega, a das boas obras, como via de acesso ao prêmio da virtude e à fama, e a da renúncia cristã, como via de acesso à vida eterna. Vejam-se, a propósito da sua interpretação, os comentários de Pedro Salinas, que dedicou a Manrique e a estes problemas tão complexos da tradição e originalidade na poesia uma obra fundamente sugestiva: *Jorge Manrique o Tradición y Originalidad* (Buenos Aires, Ed. Sudamericana, 1952). Para o estudo das variantes do *ubi sunt?* e motivos correlatos na poesia espanhola, veja-se outra valiosa contribuição feminina, a de Anna Krause, intitulada: *Jorge Manrique and the cult of death in the Cuatrocientos* (University of California, 1937).

Na celebrada elegia, empregou Manrique o pé quebrado com rima ABC, na forma estrófica de doze versos, e eu por mim não sei de mais belo exemplo de pé quebrado nas literaturas hispânicas. O tema da pergunta sem resposta, o *ubi sunt?*, aparece mais claramente nas estrofes dezesseis e dezessete: passo a transcrever esta última, que sugeriu a Antônio Machado um comentário tão comovido:

Qué se fizieron las damas,
sus tocados, sus vestidos,
  sus olores?
Qué se fizieron las llamas
de los fuegos encendidos
  de amadores?

Qué se fizo aquel trobar,
las músicas acordadas
  que tañian?
Qué se fizo aquel dançar,
aquellas ropas chapadas
  que traían?

Para mostrar que neste caso a forma do pé quebrado corresponde perfeitamente ao ritmo interior da idéia, diz José Manuel Blecua: "Precisamente uno de los encantos mejores de las *Coplas* reside en el hecho de que cuando Jorge Manrique nos habla de la caducidad de los bienes temporales, paralelamente un verso se muere, por decirlo así, quedando a mitad de camino de los restantes. Es como si la misma expresión tendiese a mostrar su fugacidad, no alargando su vida de ocho sílabas."[7]

Certo é que nas *Coplas* o movimento interrogativo, derivado da velha receita, estabelece uma intimidade de diá-

---

[7] V. Antônio Machado: *De un Cancionero Apócrifo;* El "Arte Poética de Juan de Mairena"; e José Manuel Blecua: "Los grandes poetas del Siglo XV", *in Historia General de las Literaturas Hispánicas*, publicada bajo la dirección de D. Guillermo Díaz-Plaja, vol. II, p. 123.

logo entre leitor e autor. E o poeta, de caminho, também aludia ao outro motivo, o da vida-sonho:

> Por eso no nos engañen,
> pues se va la vida apriessa
> como sueño...

Dando um salto no tempo, agora, e já sem a seqüência anterior, que acompanhava em paralelo o rigorismo temático da Idade Média, dou-me pressa em copiar da excelente edição preparada pelo professor M. Rodrigues Lapa alguns versos de Sá de Miranda:

> Ditoso aquele Mestre, Dom Rodrigo
> Manrique, a quem em seu tempo louvou
> o filho, e deu ao corpo em monte abrigo!

Referência bem clara à grande Elegia, na sua elegia. E mais adiante:

> Ó mundo, tudo vento e tudo enganos,
> qu'é de aqueles triunfos, qu'é das festas
> que haviam de tornar cedo em mais danos?

Depois deste ensaio de vôo, que parece um primeiro despertar de frase musical, simples aviso ainda incompleto, mas já prenúncio do verdadeiro tema em pleno desenvolvimento, o poeta se entrega a esta queixa trêmula de alaúdes, logo interrompida:

Os momos, os seraos de Portugal,
tam falados no mundo, onde são idos
e as graças temperadas do seu sal?

Dos motes o primor e altos sentidos,
os ditos delicados cortesãos,
qu'é deles? Quem lhes dá somente ouvidos?

Interrompida logo pelo jeito sisudo com que o poeta filósofo, o mais português dos portugueses, creio eu, no seu retiro minhoto, reconsiderava as cousas deste mundo, manifestando a cada passo, como tão bem diz Rodrigues Lapa, "a máscula respiração dum grande caráter, sobranceiro aos golpes do tempo e da fortuna". E o seu modo estóico de falar a si mesmo, cortando a meio a elegia de sabor manriquenho, não deixa de lembrar a solução que deu Villon às perguntas da balada:

Mas deixem de tratar os aldeãos
de Corte; sempre foi, sempre será:
trocam-se os tempos, fogem d'entre as mãos.

Não vedes quantas voltas o sol dá?
Ora aparece, ora desaparece,
Debaixo deste Céu quedo qu'está?[8]

---

[8]V. prefácio de M. Rodrigues Lapa à ed. da Coleção de Clássicos Sá da Costa. Cf.: "Sá de Miranda é destes homens para os quais a vida e obra constituem uma só peça".

O motivo do *ubi sunt?* já conquistou os seus títulos na crônica brasileira dos primeiros tempos; é aquela página deliciosa em que Simão de Vasconcelos descreve a morte do irmão Pedro Correia, na *Vida do venerável Padre José de Anchieta*. Diga-se que, embora pisando o chão da prosa, ainda aqui não saímos da poesia: "Sabida a morte deste santo irmão em Piratininga, houve pranto geral entre os índios. Enchiam os montes os ecos de seus ais lastimosos. Jamais fizeram a seu modo exéquias mais sentidas; não faltou pregador. Ao redor dos tristes enojados andava um dos mais escolhidos e este, em vozes altas, se queixava assim: Aonde está o nosso pai, o nosso mestre, o nosso pregador? Aquele que com sua eloqüência suspendia por inteiras noites nosso sono e nossos corações? Aquele que era médico de nossas enfermidades e consolação em nossos trabalhos? Aonde está, aonde está, perguntavam a seu modo aos caminhos, aos montes, aos rios, aos desertos; que feito é de nosso Correia?"

Outro salto no tempo, e podemos colher um extraordinário exemplo de variante do mesmo processo poético. Ao concluir a *Guerre d'Espagne* (1838), Chateaubriand lança um apelo irônico a tantas sombras ilustres que ainda ontem decidiam a vida dos povos, no congresso de Verona: onde estais? É uma chamada nominal, melancólica lista de presença, lida pelo secretário de um congresso de fantasmas. Desta vez, porém, tratando-se de um *ubi sunt?* em prosa, com a fria lógica da prosa, a resposta não demora, e a sua monótona repetição faz correr um calafrio: "Faisons l'appel de ces poursuivants de songe; ouvrons le livre du jour de colère; *liber scriptus proferetur*. Monarques! princes! ministres! Voici votre ambassadeur, voici votre collègue revenu à son poste; où êtes-vous? repondez. L'empereur de Russie Alexandre? Mort. L'empereur d'Autriche François? Mort. Le roi de France Louis XVIII? Mort. Le roi de France Charles X? Mort. Le roi d'Angleterre George IV? Mort. Le roi de Naples Ferdinand I? Mort. Le duc de Toscane? Mort. Le pape Pie VII? Mort. Le roi de Sardaigne Charles-Félix? Mort. Le duc de Montmorency, ministre des affaires étrangères de France? Mort. M. Canning, ministre des affaires étrangères d'Anglaterre? Mort. M. de Bernstorff, ministre des affaires étrangères de Prusse? Mort..."[9]

Com pesquisas menos incompletas, além dos notáveis trabalhos já publicados sobre o mesmo assunto, poder-se-ia organizar uma antologia do tema *ubi sunt?*, com o título *Pergunta sem resposta*: de qualquer modo, não seria leitura frívola, mas edificante.

Não deixe então o futuro antologista de incluir entre os últimos trechos da série dois poemas que são o exemplo mais original de aproveitamento da remoída cantiga, na poesia moderna: um *Ghasel* de August von Platen e *Profundamente*, de Manuel Bandeira.

A originalidade, no caso de von Platen, está no imprevisto dos dois últimos versos; depois da habitual cadeia de perguntas, *onde está?*, depois de perguntar pela fonte, e o pássaro, e a rosa, e a amada, e o beijo, pergunta o poeta:

---

[9]V. André Beaunier: *Chateaubriand, Textes choisis et commentés*, Paris, Plon, 1912, vol. II, p. 205.

E aquele homem que já fui e há muito
Troquei por outro eu, onde está ele?

Veja o original, que me parece intraduzível:

Der Strom, der neben mir verrauschte, wo ist er nun?
Der Vogel, dessen Lied ich lauschte, wo ist er nun?
Wo ist die Rose, die die Freundin am Herzen trug,
Und jener Kuss, der mich berauschte, wo ist er nun?
Und Jener Mensch, der ich gewesen, und den ich längst
Mit einem andern Ich vertauschte, wo ist er nun?

Mais pessoal ainda — e mais profundo sem dúvida — é o aproveitamento do motivo no poema de Bandeira. O poeta passa de uma experiência recente (adormeceu na noite de São João, entre vozes, cantigas e risos, e ao despertar no meio da noite, todos dormiam profundamente) para a recordação de uma experiência da infância, quando não chegou a ver o fim da festa de São João, por ter adormecido.[10]

Mas, de súbito, outra correlação emerge do fundo da consciência, abrindo caminho para uma intuição simbólica, em que se identificam o sono e a morte. Não só desperta agora, no meio da noite, para sentir que todos dormiam

---

[10]Quanto ao poema de Manuel Bandeira, devo a sugestão a um trabalho do Sr. Izacyl Guimarães Ferreira. V. *Revista do Livro*, Instituto Nacional do Livro, n.º 6, 1957.

profundamente, também acorda de outro sono mais pesado: a inconsciência vital, a cegueira das ilusões:

Quando ontem adormeci
Na noite de São João
Havia alegria e rumor
Estrondo de bombas luzes de Bengala
Vozes cantigas e risos
Ao pé das fogueiras acesas.

No meio da noite despertei
Não ouvi mais vozes nem risos
Apenas balões
Passavam errantes
Silenciosamente
Apenas de vez em quando
O ruído de um bonde
Cortava o silêncio
Como um túnel.

Onde estavam os que há pouco
Dançavam
Cantavam
A riam
Ao pé das fogueiras acesas?
— Estavam todos dormindo
Estavam todos deitados
Dormindo
Profundamente

Quando eu tinha seis anos
Não pude ver o fim da festa de São João
Porque adormeci.

Hoje não ouço mais as vozes daquele tempo
Minha avó
Meu avô
Totônio Rodrigues
Tomásia
Rosa
Onde estão todos eles?

— Estão todos dormindo
Estão todos deitados
Dormindo
Profundamente.

Pergunta e resposta passaram do passado ao presente: *estavam, estão*; este presente, todavia, sugere a inevitável ausência de todas as cousas: tudo passou, tudo passará. Cada palavra da resposta mudou de sabor, de peso, de sentido, passou da prosa à poesia. O advérbio *profundamente* da primeira vez nada acrescentava à frase, a não ser um reforço do mesmo prosaísmo, sabendo a lugar-comum: *dormir profundamente*. Seu destaque em pausa especial de verso parece até arbitrário, injustificado, como se ficasse mais ou menos sobrando, a arrastar-se no fim da frase, apesar da pausa intencional e sonolenta com que o poeta vai alongando as estrofes. Mas agora, podemos dizer que é outra palavra, e tão grave, tão solene, tão carregada de emoção, que só a compreendemos isolada no fim do poema, impondo silêncio:

> — Estão todos dormindo
> Estão todos deitados
> Dormindo
> Profundamente.

Camões, o Bruxo, e outros estudos

O NOIVO DA ESTÁTUA

No *Motif-Index of Folk Literature*, de Stith Thompson, sob a sigla de classificação: T376, com a ementa: "o jovem noivo de uma estátua", podemos verificar que o entrecho da *Vénus d'Ille*, o famoso conto de Mérimée, reflete uma das versões populares daquele motivo, talvez a mais antiga e a mais difundida, pois já consta de crônicas medievais, conforme pesquisas de Paul F. Baum (v. PMLA, 34, 1919, p. 523: *The Young Man Bethroted to a Statue*). Em resumo, o seguinte: para entregar-se ao jogo da pelota com mais liberdade de movimentos, um jovem retira a aliança, enfiando-a no dedo de uma estátua de Vênus. O dedo de bronze dobra-se e engancha fortemente o anel, que ele já não consegue reaver, apesar dos maiores esforços. Ao deitar-se àquela noite, sente no leito conjugal uma presença estranha; alguém se acha a seu lado, a separá-lo de sua mulher; é Vênus, a deusa ciumenta, que vem cobrar os seus direitos de esposa.

No fundo, portanto, é a mesma versão aproveitada por Mérimée, e dificilmente aceitamos a interpretação de Henri Martineau, em nota da edição Pléiade, quando se limita a apontar como fonte provável os diálogos de Luciano, indicados, aliás, na epígrafe transcrita pelo autor. Nos seus diálogos, refere-se Luciano a estátuas que à noite descem do pedestal e vão desentorpecer as pernas, ou castigar os ladrões de oferendas, mas não se descobre vestígio da "Vênus ciumenta". Há, como todos sabem, o caso da Vênus de Cnido, e esta não teria razões para queixar-se do seu idólatra, a não ser como importuno e um tanto transviado nos seus gostos.

O motivo da "estátua ciumenta" é certamente de formação medieval, quando os deuses do paganismo, antes da sua reabilitação, viviam uma vida precária e ameaçada, de mendigos ou demônios. Vênus logo se transforma em fada malfazeja, em diaba luxuriosa ou súcubo, único significado que podemos atribuir ao motivo. Mas, paralelamente, por um processo de inversão do significado, desenvolve-se uma versão "a lo divino", isto é, a diaba, o súcubo, a deusa Vênus será substituída pela Virgem Maria; no pedestal da estátua pagã, a devoção ingênua põe a imagem de Nossa Senhora, trocando o sentido venusino do motivo em sentido mariano.

Antes de Mérimée, a versão venusina já havia sido aproveitada literariamente por Eichendorff, em sua novela *Das Marmorbild* (1819); repete-se igualmente em outros autores modernos. Na literatura alemã, entra em conexão com o motivo de *Frau Venus*, ou do *Venusberg*, celebrizado por Wagner no *Tannhäuser*. A versão mariana, divulgada por Vincent de Beauvais e Gautier de Coincy, reelaborada muitas vezes nos "milagres", nas recolhas de legendas edificantes e sermonários, sugere a Afonso X, o Rei Sábio, uma das obras-primas das suas *Cantigas da Santa Maria*, a de nº 42: "Esta é de como o crerizón meteu o anel en o dedo da omágen de Santa Maria, et a omágen encolleu o dedo con el".

Certo grupo de moços dispõe-se a jogar a pelota num prado fronteiro a uma igreja, que andava em obras. Achava-se depositada no portal a imagem da Virgem. Um dos moços, com fama de galanteador e volúvel, para não estragar o anel que recebera como prenda, retira-o do anular, passando-o a um dedo da imagem. E logo, arrebatado pela sua ardente imaginação, cai de joelhos e exclama: "Meus olhos nunca chegaram a ver beleza como a vossa. Doravante, sem cuidar mais na mulher que amava, serei vosso para sempre e, em penhor do que digo, aqui tendes este anel!". Com assombro, verifica ao erguer-se que a imagem de pedra encurvara o dedo, retendo o anel. No consenso de todos, o estranho caso devia considerar-se uma advertência para que tomasse ordens no mosteiro de Claraval. Mas o assombro não durou muito e, versátil como sempre fora, já esquecido de tudo, o leviano desposou a sua última prometida. Não chegou, porém, a consumar-se o matrimônio, pois Nossa Senhora apareceu-lhe em sonhos, na mesma noite das bodas, tão irritada e severa, que o perjuro fugiu, aterrado, e acabou seus dias recolhido a um eremitério.

Na aparição do sonho, a Virgem (como a Vênus da outra versão) deita-se entre os esposos para os separar, "pera os partir" e mostra-se encolerizada, "mui sannuda":

Mas se tu meu amor queres,
d'aqui te levantarás
et vai-te comigo logo
que non esperes a cras.
Erge-te d'aqui correndo
et sal d'esta casa, sai.

Nos outros casos, da versão venusina, há sortilégio, bruxedo, trágico desfecho. A estátua amorosa e brutal, no conto de Mérimée, esmaga o seu noivo num abraço de bronze. Aqui, porém, há um sentido exemplar de pecado e arrependimento, com a regeneração do "noivo da estátua".

Na bela edição de *Cantigas de Santa Maria*, pela Academia Espanhola, diz o Marquês de Valmar: "La singular leyenda de la Virgen, cuya estatua de mármol (sic) recoge el dedo en que un veleidoso y gallardo mancebo habia colocado un anillo, regalo de su novia, para que de él no pueda arrancarlo, ha inspirado una novela, *La estátua de mármol*, al poeta alemán Baron de Eichendorff, traductor de *El Conde Lucanor*, y a Próspero Mérimée, *La Vénus d'Ille*. Enrique Heine reproduce la leyenda en su fantasia *Les Dieux en exil*".

Não há nada que fique de pé, em toda essa confusão das confusões; parece que o marquês repetia as coisas por ouvir dizer, sem ao menos consultar aquelas obras. Eichendorff e Mérimée aproveitaram a versão venusina do motivo e não a versão mariana. Em rigor, é só Mérimée quem chega a reproduzir com mais fidelidade a versão antiga, aquela que já consta de uma crônica do século XII, como ainda há pouco mostrava John Esten Keller (v. *Studies in Philology*, vol. LVI, 1959, p. 453: "The Motif of the Statue Bride in the Cantigas of Alfonso the Learned"). No conto ou novela de Eichendorff, *A estátua de mármore*, a tradição "clássica" do motivo transparece de modo muito vago e apenas alusivo. Não se mantém aí o episódio do anel, e nem existe propriamente um "noivo da estátua". Quanto aos *Deuses no exílio*, que reprodução da lenda pode haver nessa fantasia endiabrada e sarcástica, de sabor tão moderno? O motivo do *Venusberg*, a que também se refere em sua nota o Marquês de Valmar, a propósito dessa página de Heine, só foi desenvolvido — ou melhor: destroçado por Heine em seu poema *Der Tannhäuser*, pretexto para sátira, em que revira pelo avesso as criações românticas do medievalismo ao gosto de Tieck.

A forma secreta

NOVA ODISSÉIA

E ali estava o engenhoso Ulisses, depois de tantas andanças, ancorado na sua ilha, a bocejar a alma, enfarado de felicidade e repouso merecido. Tão escancarado era o bocejo de fartura, que parecia engolir, não só a ilhota das cabras, Ítaca, mas todo o reino das Ilhas, Cefalônia, Leucádia e o mar brumoso ao longe. Fala-se muito no enjôo do mar; pior ainda, resmoneava o herói aposentado, era o enjôo da terra firme, a náusea da imobilidade. E afinal, dizia Ulisses a Ulisses, que terra pode haver no meio das Ilhas, às vezes uma simples lingüeta rochosa estrangulada em istmo? O que havia, pensando bem, era a presença do mar sem a aventura da navegação; por toda parte um rendilhado de espuma cercava as terras que eram praias apenas, praias lembrando a vastidão dos mares abertos e a alegria salina de partir...

Sentia musgo nas juntas e um gosto de mofo na boca. Sufocava nas sendas e veredas do seu reino, com inveja dos cabritos. Mais rei do que ele era Eumeu, o porqueiro. E mais feliz havia sido ele, o rei dos quatro ventos, quando tremia de medo na cova de Polifemo, ou vagueava sem rumo certo de angra em angra, perdido na imensidão dos mares violáceos... Destinado parecia-lhe o esforço daqueles vinte anos sacrificados à ânsia de voltar, como se não fosse o mundo inteiro a sua terra natal. Perdera a cada instante uma oportunidade que não se repete. Agora sim, repetiam-se as horas, pesadas e iguais, e o tédio era eterno. Pensar que ele, o tíbio Ulisses, com fama de aventuroso, ordenara que o amarrassem ao mastro, para não ceder ao apelo das Sereias! Pois, que dizia a voz das Sereias? Só agora, no mais profundo recolhimento noturno, quando a insônia do mar quebrava na praia, compreendia a sábia mensagem do seu canto. A verdadeira sabedoria — cantavam as Sereias — era alimentar o espírito de inquietação, não perder o dom divino do anseio insatisfeito que não pára nunca e põe o amor na procura do amor. Entregar-se à ilusão da posse e da vitória, eis a cegueira irremediável, que transforma o herói numa sombra de si mesmo... Indigno do seu alto destino, tapara os ouvidos à sedução da sabedoria.

Foi assim que um belo dia, sem despedir-se de Penélope e Telêmaco, o redivivo Ulisses partiu para a sua última aventura. Convocou, ao pé de uma penedia, os velhos companheiros. Ereto e sereno, do alto da proa vermelha, deu as instruções da rota, com a mesma tranqüilidade de um mercador Fóceo que vive costeando as terras habitadas, sempre de olho no lucro imediato. Falou em passar as Colunas de Hércules, como quem se propõe atravessar o canal de Ítaca; em fundar um porto aberto aos mares tenebrosos do Ocidente; em explorar, além das Colunas, as costas que se abrem ao Norte e ao Sul; em demandar, na esteira de Tírios e Fenícios, as terras do estanho e electro, a misteriosa Tartesso, assentada na foz de um grande rio; referiu-se à

Terra das Serpentes, Ophiussa, e suas minas de prata; mas principalmente acenou aos companheiros com a glória de navegar cada vez mais para o Ocidente misterioso, desprezando os périplos do mundo conhecido, a descobrir novos céus e mares, terras sem nome, que só eles veriam surgir da linha do horizonte...

.

No inferno, uma língua de fogo relatou a Dante essa aventura suprema: era a própria voz de Ulisses. E, por mais que o poeta faça o herói soçobrar numa espécie de *Maelstrom*, como quem adverte os audaciosos e mostra o inevitável castigo da temeridade, o que no singular episódio logo impressiona é o tom prometeano — diga-se de uma vez: o sabor nietzschiano da exortação de Ulisses à sua hesitante companhia: "Irmãos, disse eu, depois de cem mil perigos, chegastes ao Ocidente; basta agora uma vigília breve e um derradeiro esforço; não deveis recuar ante a possibilidade de conhecer, no rumo do sol poente, o mundo inabitado".

Quando falo em "sabor nietzschiano", quero aludir ao fecho de *Aurora*, o fragmento 575: "Também de nós talvez se diga mais tarde que, navegando sempre no rumo do Ocidente, esperávamos chegar a uma Índia — mas que o nosso destino era fracassar diante do infinito? Ou quem sabe, irmãos, quem sabe?"

Sublima-se a exortação de Ulisses naqueles versos que correm mundo, como tantos outros da *Divina comédia*, destacados do contexto:

Considerate la vostra semenza:
fatti non foste a viver come bruti,
ma per seguir virtude e conoscenza.

Desprezar os horizontes humanos do mundo conhecido, aproando para as solidões do Atlântico, era prenunciar a história do futuro, com a mesma audácia dos exploradores que no século XV descobriram os mares nunca dantes navegados, novos continentes sob o signo de estranhas constelações.

O cantor dessa grande empresa — dar ao mundo novos mundos — não chegou a ver no inquieto Ulisses o precursor dos navegadores celebrados no seu canto épico. Refere-se de caminho ao fundador da Ulisséia, ou Ulissipo, mas Ulisses é quase sempre o "facundo", o "de língua vã e fraudulenta". E não obstante, das sugestões míticas aproveitadas para o seu poema, era aquela sem dúvida a bem-nascida, a mais oportuna, a mais adequada. Vinculava, como outra nenhuma, a tradição da antigüidade clássica à história moderna. Adotar essa versão peregrina de uma Odisséia recomeçada — o fundador de Lisboa tentando a exploração dos mares ocidentais — já teria sido o complemento do poema, a outra metade da aventura lusa, a mais importante, afinal, com o descobrimento da prodigiosa Terra de Santa Cruz. Dissipada aos poucos a miragem do império das Índias Orientais, o débil rosário de feitorias e fortins espalhados pelo Oriente acabou minguando cada vez mais, em seu significado histórico, diante da feracidade das terras virgens da outra banda.

É assim que a gesta recomeça e a história não tem fim. Inacabada ficará sempre qualquer Odisséia, enquanto houver a fecunda inquietação criadora. Seria talvez proveitoso reler, à luz desta perspectiva, o conto do Eça: *Perfeição*. Se o herói aceitasse "a delícia das coisas imperfeitas", deixaria de reagir contra a fatalidade das limitações, que é o seu tormento. Não há regresso para Ulisses, há só partida. É a lição que não soube descobrir no canto das Sereias senão muito mais tarde, para morrer navegando:

Navigare necesse, vivere non necesse.

A forma secreta

HERÁCLITO

Uma sedução de afinidade atual, como a de um autor moderno, convida o leitor de hoje a completar com a luz da intuição os fragmentos do "Obscuro", que às vezes lhe parecem tão claros. Assim, por exemplo, quando confessa: "Eu me busquei a mim mesmo", logo nos reconhecemos na imagem idealizada: vemos um rosto perplexo, atormentado de introspecção. E muito mais ainda, como espectadores e matéria-prima da sondagem psicanalítica, ao advertir: "Não tocarás nos limites da alma, seja qual for o rumo da tua pesquisa, tão profunda é a sua medida..."

Se prefere demorar-se um pouco no espetáculo dos contrastes, rendendo preito a Pólemos, também mostra que as contradições não impedem a unidade fundamental, pois existe uma harmonia encoberta nas coisas mais desencontradas e dissonantes: "A harmonia oculta é preferível à harmonia aparente"; e "Não percebem os homens como entra em acordo consigo mesma a diversidade. Existe uma harmonia de tensões opostas, como a do arco e da lira". Também nos parece muito de hoje em dia — por falar em arco e lira — o seu gosto de brincar com as palavras, com o humorismo fantasista de um poeta de vanguarda: *Biós*, o arco, e *Bios*, vida, na sua contradança de homógrafos, lhe sugerem o seguinte: "Vida chama-se o arco, mas a sua ação é morte".

Seria inútil acrescentar o que todos já sabem, graças aos compêndios de História da Filosofia; que ele é considerado o grande intérprete da fluidez de todas as coisas, de um mundo em incessante devir. O *panta rhei* de Crátilo de Atenas, que lhe foi atribuído, já circula como moeda corrente.

Mas, para falar a pura verdade heraclítica, não passa de ilusão fácil de leitores apressados esse jogo impressionista de reflexos: descobrir a imagem de um Heráclito cada vez mais atual. O "Obscuro" continua atormentando os melhores intérpretes, a começar pelos filólogos. Se não ficou perdido o esforço de um Hermann Diels, se Walter Kranz retomou o pesado labor do seu mestre, as divergências de leitura e exegese confirmam cada vez mais o cognome do efésio. Basta consultar o denso e às vezes desalentador estudo de Clémence Ramnoux, *Héraclite ou l'homme entre les choses et les mots* (Les Belles Lettres, 1959), onde o minucioso apêndice parece um verdadeiro catálogo das controvérsias eruditas, para verificar como estamos longe dos bons tempos de Burnet, com sua *Aurora da filosofia grega*, e da tranqüila consciência dos tradutores e divulgadores bem intencionados. A crítica de autenticidade, a "decapagem" das interpretações tardias, a recuperação do significado arcaico das palavras, o deslinde das estruturas arcaicas de pensamento, em que andam empenhados Kirk e Reinhardt, Fränkel e Von Fritz, além dos velhos mestres consagrados, são outras tantas glosas que prometem novas bibliotecas amontoadas em torno dos fragmentos fascinantes do "Obscuro".

Destaquei, como ponto de partida para o meu comentário, simples nota fantasiosa, os obscuríssimos fragmentos sobre o sono e a morte, além de alguns fragmentos que se referem ao "eterno retorno", à noção de um Grande Ano cósmico, mais tarde aproveitada pelos Estóicos. Constituem dois momentos capitais na experiência religiosa e metafísica da Antiguidade e poderiam trazer, como indicação de título: "a partida sem regresso" e o "eterno retorno".

Na representação votiva de um dos sarcófagos de Olímpia, a Noite carrega nos braços Hypnos e Thanatos, o Sono e a Morte, irmãos gêmeos. São aqueles Filhos da Noite, no catálogo da *Teogonia* (Hesíodo, 212 sgs.). Logo sentimos que a representação simbólica dos gregos corresponde no fundo a um desejo elementar de todos nós, a uma espécie de voto inconfesso, mas imperioso, que sobe da raiz do ser para os lábios cerrados da nossa angústia. E essa espécie de murmúrio inaudível provocado pelo medo, pai de todas as crenças, parece que está dizendo: "Possa eu adormecer tão suavemente na morte, como adormeço em vida no sono... Que Thanatos seja Hypnos para mim, a morte um sono da morte". É principalmente um modo reflexo, quase visceral, de reagir contra o medo da eterna morte, partida sem regresso. Dormir ainda é viver, ainda é uma vaga esperança de voltar, despertando, ao mundo comum da vigília. E em Heráclito, a idéia de um "estado de vigília" sugere um "estado de vigilância".

Na concepção antiga do "retorno eterno", há uma angústia metafísica ainda mais acentuada, embora menos aparente: quantas vezes recomeçarão todas as coisas? Os fins-demundo e as conflagrações cósmicas, as madrugadas e crepúsculos do universo, as ciclogêneses que se renovam, perecendo? Quantas auroras de novos mundos hão de raiar ainda?

Para nós, os da geração de Novecentos, a idéia do "eterno retorno" ficou associada para sempre ao Nietzsche de Sils Maria, em plena gestação do seu grande mito filosófico. Em agosto de 1881, na primeira quinzena do mês, segundo Charles Andler, Nietzsche perlongava o lago de Silvaplana. Em Surlèj, perto daquele enorme bloco monolítico, de forma piramidal, consagrado hoje à sua memória, parece que o salteou, sob uma forma visionária e fulminante, essa intuição brusca. O paradoxal no caso é que a visão do eterno retorno, essa vigilância permanente da memória do mundo, pareceu-lhe uma criação absolutamente original, caída do céu como um raio. E não obstante, vai entroncar, antes de Heráclito, em Anaximandro e nos Pitagóricos, sem falar nas suas origens mais recuadas, que são orientais.

À imagem atormentada e trágica do Nietzsche de Sils Maria podemos contrapor, a título de contraste pitoresco, a imagem de Pitágoras, dizendo tranqüilamente aos seus discípulos, como se fosse a cousa mais natural deste mundo: "E eu, que vos falo agora, tornarei a contar um belo dia as mesmas histórias, como estou fazendo agora neste momento, sentado diante de vós e com este mesmo ramo de árvore na mão..."

A forma secreta

TRADUÇÃO E TRAIÇÃO

Observa Eliot no seu ensaio sobre Dante: "I have always found that the less I knew about the poet and his work, before I began to read it, the better". Tome-se isto, não como conselho paradoxal e um tanto aluado, mas como incentivo aos leitores tímidos e convite a uma experiência. O que Eliot queria dizer é que a genuína poesia pode ser sentida e transmitida sem perfeita compreensão do conteúdo: "That genuine poetry can communicate before it is understood". A audácia de um leitor petulante muitas vezes é ajudada pela intuição divinatória que dá de graça ao atrevido a mesma revelação poética que só como recompensa de canseiras e pestana queimada o escrupuloso vem a conquistar. Mas há também o corretivo desse atrevimento: sem um longo aprendizado, errando muito e superando aos poucos o erro, nada se aprende muito bem, pois aprender é acautelar-se contra o erro.

No caso de Dante, sempre me pareceu que valia a pena tentar a experiência que o reparo de T. S. Eliot sugere. Em meu curso de teoria literária, mais de uma vez recomendei essa excursão aventurosa, não digo pelo *Inferno*, sem Virgílio e sem guia turístico, mas pela *Vita nuova*.

Mais precisamente: recomendei, com ou sem preparo, a leitura de alguns sonetos e trechos de prosa do singular livrinho.

Revendo agora as notas que destinava à explicação dessa aventura, verifiquei que o mais belo soneto deste mundo, o sublime "Tanto gentile e tanto onesta pare...", anda mal traduzido em todas as traduções coligidas. Mal traduzido anda ele sempre no verso: "*e par che de la sua labbia si mova...*", que aparece deste modo em várias versões:

> E dos lábios cuido que se move...
> (tradução Generino dos Santos);
> E dos seus lábios emanar parece...
> (tradução C. Tavares Bastos);
> Parece que do seu lábio se mova...
> (tradução Arduíno Bolivar);
> E do seu lábio é como se surdira...
> (tradução Heitor P. Fróes)

O engano repete-se na paráfrase de Ronald de Carvalho:

> E em torno ao lábio teu, como alta lira...

Como também na tradução da *Vita nuova* lançada pela Atena Editora em sua Biblioteca Clássica, vol. XX (Rio de Janeiro, 1937):

> E dos seus lábios emanar parece...
> (tradução Paulo M. Oliveira e Blásio Demétrio).

Labbia, portanto,/ *e par che de la sua* labbia *si mova...*/ é sempre interpretado como *lábios*, ou *lábio*, quando na verdade é um arcaísmo, com o significado de *semblante, rosto, aspecto*. E, não obstante, aí estão os dicionários, qualquer dicionário italiano razoável, sem necessidade alguma de compulsar glossários ou notas, nem de recorrer à *Enciclopedia dantesca* de Scartazzini. Veja-se, por exemplo, o que diz o gordo Volpi: *"Labbia*, sost, f. Viso, Aspetto". Mas não é preciso tanto: o *Dicionário italiano-português*, de João Amendola (São Paulo, Fulgor, 1961), esclarece honestamente: "*Labbia* (ant.) s.f.cara, rosto, semblante". *Labbia* também pode ser toda a parte superior do corpo humano, a contar da cintura, mas o verbete dá o essencial da síntese lexicográfica.

O que *labbia* não pode chegar a ser nunca, em tempo algum, é *lábios*, como querem os nossos tradutores apressados, como quer até mesmo o nosso mestre Damaso Alonso: "Parece de sus labios que se mueva...", repete ele. Compreendo muito bem que alguns tradutores animados de puro entusiasmo poético, mas incautos e despreparados quanto às traições semânticas da linguagem arcaica, tropecem nestes enganos de algum modo inevitáveis. Mas custa crer que um mestre como Damaso Alonso, em seu famoso ensaio sobre métodos e limites estilísticos, *Poesia Española*, venha a escorregar no mesmo descuido. Pior ainda: o texto original do soneto, na versão que reproduz à página 39 da edição Gredos de 1950, parece-me lição já superada e de qualquer modo muito viciada. Assim, por exemplo, *non* em vez de *no, di cielo in terra* em vez de *da cielo in terra*, e ainda todo um verso prejudicado em sua textura pela forma *uno*, a substituir *un*: "uno spirito soave pien d'amore". Seria um hendecassílabo italiano de pé quebrado, pois na versificação clássica italiana é obrigatória a diérese entre *a, e, o* e uma vogal acentuada: so/ a/ ve. Na segunda edição, de 1962, aparece corrigido esse *uno* para *un*. De qualquer modo, o texto reproduzido por Damaso Alonso não corresponde à lição estabelecida por Michele Barbi e adotada pela Società Dantesca.

À página 114 da sua contribuição para os estudos de poesia italiana, intitulada *Dante e outros poetas italianos na interpretação brasileira* (Gráfica Laemmert, 1953), C. Tavares Bastos dá-nos também uma transcrição do original que deixará desamparado qualquer pesquisador escrupuloso. Parece uma das tantas *modernizações* algum tempo em voga nas antologias: *ogni* por *ogne; divien* por *deven; Ella sen va* por *Ella si va, di cielo in terra* por *da cielo in terra* e *labbra* em vez de *labbia*.

Tudo isto mais uma vez recomenda muita cautela; principalmente, aconselha muita desconfiança, no que se refere, não só à integridade dos textos, mas à grata ilusão de um fácil domínio desses mesmos textos. Se da parte do leitor já é comum e de certo modo inevitável a deformação interpretativa, quando se entrega à leitura sem preparo suficiente, considere-se ainda que há um vício de origem muitas vezes no próprio texto.

Com toda esta aparente caturrice, não estou afirmando que a poesia foi feita apenas para fruição dos letrados; muito pelo contrário, a poesia contida no texto só em contato com o imprevisto e a diversidade das interpretações, inclusive a colaboração emotiva do leitor comum e sua frescura de sensibilidade, virá a renovar-se e perdurar através dos tempos. Deveríamos talvez distinguir no poema um significado essencial, um significado contextual e a tonalidade emotiva, onde fala mais alto a linguagem do sentimento. Sob esta forma de linguagem é que o amador de poesia se entende com o poeta; e é bem possível que nesse diálogo, de sentimento a sentimento, mais de uma palavra, mais de um verso não se façam compreender bem, no seu significado legítimo, sem prejuízo da intuição que ajuda a completar o sentido poético, embora aos saltos. No caso de um texto poético noutra língua — como este de que estou tratando — mais de uma vez o sabor exótico, a franja de ambigüidades que envolve algumas palavras ainda não assimiladas de todo pelo automatismo da leitura corrida, reforçam a vibração poética; por conhecimento incompleto da língua, tudo parece mais embebido na intenção reticente da linguagem emotiva... E quantas vezes a tradução fiel perturba e estraga o encantamento lírico, ao revelar o significado essencial... O desacerto *labbia-lábio* decerto não prejudicou a transmissão da tonalidade poética, nem a sua ressonância emocional. *Lábio* é palavra que passou por translação de sentido, espiritualizando-se, a ponto de sugerir, tanto quanto o olhar, uma significação fisionômica de grande intensidade expressiva. A muita gente, *lábio* dirá muito mais do que *rosto, semblante*.

Mas — pergunto eu a mim mesmo — como dissociar, na análise de um texto poético, o elemento comunicativo do elemento emotivo? Só das razões do coração não é possível extrair nenhuma regra de conduta mais ou menos válida.

O erro é sempre um erro. Foi isso mesmo com certo alívio que verifiquei, na excelente tradução da *Vita nuova*, com introdução crítica, notas e apêndices, preparada por André Pézard para a Coleção Unesco (Ed. Nagel, 1953):

> et il semble que de son *visage s'envole*
> un esprit suave plein d'amour
> qui va disant à l'âme: *Soupire.*
>
> e par che de la sua labbia si mova
> un spirito soave pien d'amore
> che va dicendo a l'anima: *Sospira.*

A forma secreta

A APOSTA DE PASCAL

A "aposta de Pascal", a famosa argumentação do *pari*, esse perde-ganha das angústias metafísicas, é arrazoado fideísta que vem de longe e poderia dar um substancioso comentário. Ao apontar a pobreza das notas, na edição de Zacharie Tourneur, dizia Jorge Luis Borges: "Para ilustración del *Pari* cabería citar los textos de Arnobio, de Sirmond y de Algazel que indicó Asin Palacios (*Huellas del Islam*, Madri, 1941)." O reparo de Borges em *Otras Inquisiciones*, levou-me a cadernos de apontamentos, onde algum tempo andei rastreando o essencial da questão, mais ou menos alinhavado para ajudar a memória.

Abrindo a indicação de fontes, lá estava consignado o primeiro estudo de Miguel de Asin Palacios: *Los precedentes musulmanes del Pari del Pascal* (Santander, Boletin de la Biblioteca Menendez y Pelayo, 1920). Ao lado, uma remissiva para confronto: a resenha crítica de Étienne Gilson, na *Revue de Littérature Comparée*, ano I, 1921.

Impressionante é a concordância da argumentação em Al-Gazali, o insigne teólogo árabe (1058-1111) e Pascal. Como Pascal, justifica ele a aceitação fideísta pela intuição ou razões do sentimento; aconselha, como Pascal, a conquista da fé mediante o exercício de uma disciplina mecânica, isto é, evitar a especulação filosófica, agindo em tudo como verdadeiro crente; e desenvolve do seguinte modo a argumentação conhecida geralmente como *Pari de Pascal*: "Escassos e contados são os dias desta vida em que sou obrigado a suportar privações, em confronto com a duração da vida futura. Ao aceitar a disciplina que me impõe a crença, terei apenas sofrido algumas privações durante esses poucos dias da minha vida, se não passa de ilusão o que se afirma na crença da vida futura. Mas, se é verdade o que se afirma da vida futura como prêmio e castigo, ao rejeitar essa mesma disciplina, serei condenado para sempre aos tormentos do inferno".

Aí estão formulados claramente os três pontos essenciais da apologética pascalina: *le coeur, l'abêtissement, le pari*, as razões do coração; o embrutecimento pelo hábito criado, com a aceitação passiva de uma disciplina; e a argumentação da aposta, por inferência apologética, em que se pretende reduzir ao mínimo a jogada às cegas.

Diante dessa concordância, os pascalianos tecem e destecem as conjeturas. Trata-se de imitação direta, e nesse caso como teria chegado ao conhecimento de Pascal o texto de Al-Gazali? Trata-se de transmissão difusa e inconsciente? Ou então, como pergunta a si mesmo Étienne Gilson, devemos admitir uma simples evolução paralela, ao beber Pascal sugestões no apologista Arnóbio? Léon Brunschvicg, embora manifestando preferência pela *Teologia natural* de Raymond de Sebond, também lembrou Arnóbio, um trecho traduzido por Pierre Bayle. Na incerteza, talvez fosse preferível optar pela solução mais consoladora, ponderava Arnóbio no *Adversus gentes*, apologia em que tentou uma adaptação do cristianismo ao gosto dos pagãos. Sisudo e prático, dizia ele: "De um lado, não se corre nenhum risco, se ficar demonstrado que era ilusória nossa esperança; mas enorme é o prejuízo na outra alternativa, pois significa a perda inevitável da salvação eterna".

Mas o próprio Étienne Gilson reconhece as graves dificuldades que apresenta essa hipótese da influência de Arnóbio, ao observar: "Cette dernière hypothèse n'est pas soutenable, car chez Algazel et Pascal le *Pari* est organiquement lié aux méthodes du coeur et de l'abêtissement, dont il n'est pas question chez Arnobe". Dura e incontornável evidência, portanto: em Al-Gazali já está completa e orgânica a apologética de Pascal. E não obstante, muito improvável é a imitação direta, pois não consta que Pascal privasse com o arabista Herbelot, talvez o único então capaz de comunicar-lhe a tradução do texto do *Ihya*, o tratado do teólogo árabe. Está provado que Pascal chegou a consultar a obra do dominicano catalão Raimundo Martín, apologista influenciado por Al-Gazali a ponto de adaptar ou transcrever trechos inteiros; mas já observaram os pesquisadores de fontes que o passo referente ao argumento da aposta não foi aproveitado pelo catalão.

Na relação de Jorge Luis Borges — Arnóbio, Sirmond e Algazel — não vejo dois nomes que são hoje, a contar das últimas pesquisas, os mais expressivos, como alfa e ômega da cadeia: Abu'l al-Ma'arri e Jean de Silhon. O poeta al-Ma'arri faleceu em 1057; em 1058 nascia Al-Gazali. E já o poeta cego, que Émile Dermenghem revelou ao Ocidente na sua admirável antologia *Les plus beaux textes arabes* (Éditions du Vieux Colombier, 1951), retrucava aos seus amigos céticos, o médico e o astrônomo: "Se a vossa crença é verdadeira, eu nada perderei. Mas, se é verdadeira a minha crença, quem acabará perdendo sois vós". No estado atual das pesquisas, é a referência mais antiga ao "tema da aposta", desenvolvido alguns anos depois na obra de Al-Gazali. Quanto a uma influência imediata na redação dos fragmentos pascalianos, parece fora de dúvida a importância de um nome esquecido a princípio: Jean de Silhon, o amigo de Descartes e Guez de Balzac, o confidente de Richelieu e secretário de Mazarino. Léon Blanchet em *Les antécédents du "Je pense, donc je suis"* (Alcan, 1920) havia mostrado a influência que exerceu sobre Descartes. Foi ele o primeiro a tentar então uma apologia especialmente destinada a converter os indiferentes ou agnósticos, os céticos mundanos ou "libertinos". E Ernest Jovy, no segundo volume da série "Études Pascaliennes", intitulado *Pascal et Silhon* (J. Vrin, 1927), deixou comprovada não só a coincidência do método apologético em ambos, Silhon e Pascal, mas a concordância em ambos da aplicação desse método; não se limita ao conteúdo, mas envolve também soluções formais. Ora, no seu tratado da *Imortalidade da alma*, Silhon propõe: "Qu'on ait de la religion et de la piété, qu'on se prépare pour une autre vie, puisqu'en une telle élection il n'y a point de risque à courir, ni rien à craindre, s'il n'y a point de Dieu et si l'âme humaine est mortelle, et qu'on expose à un dernier malheur et à une juste punition, si tant est qu'il y ait Dieu, et que l'âme humaine soit immortelle".

Léon Blanchet e outros pesquisadores apontam quase sempre a obra do jesuíta Antoine Sirmond como uma das fontes imediatas de Pascal na sugestão do *Pari*, mas a verdade é que Sirmond freqüentou muito a obra de Silhon e o confessa, ao traçar um rasgado elogio do seu tratado; a verdade é que o livro de Silhon foi publicado em 1634 e só no ano seguinte saiu a *Dissertation physique et aristotélique de l'Immortalité de l'âme*, de Antoine Sirmond.

Com o reforço de alguma erudição, não me parece tarefa muito ingrata o comentário sobre o "tema do *Pari*" a que aludia no começo; imagine-se em documentário apenso a transcrição dos trechos referentes ao cansado argumento. A lição a extrair do miolo seria ainda e sempre que muito pesa, como razão das razões, a vontade de crer, e a crença há de ser cada vez mais para o crente a melhor teologia, como a fome é o melhor cozinheiro.

Creio, porém, que a solução ideal ainda será deixar em paz a pesquisa das fontes e esquecer os tratados, para ficar com as poucas palavras do poeta al-Ma'arri, que afinal é o apostador mais antigo. Devemos confessar que, na sua sobriedade, é a versão mais impressionante do nosso motivo, a menos preocupada com argúcias doutorais. Al-Ma'arri não quer converter, nem impor a ninguém a sua crença; note-se que não chega a falar em "descrença", pois bem sabe que há nos homens várias modalidades de crença ou descrença, ou como dizia Santo Hilário: "tantas fés quantos quereres".

Em contraste com o pesado razoamento apologético, as palavras de al-Ma'arri têm a leveza de um murmúrio e duram menos que um suspiro. Sentimos que há na sua placidez a luz de um sorriso irônico — a luz interior de um cego desafiando a treva do mundo.

A forma secreta

TEATRINHO CRÍTICO

Há momentos primaveris, na história das línguas e literaturas, e o período isabelino parece um desses renovos privilegiados. O monstro do verbo poético chamado William Shakespeare — monstro no sentido etimológico: prodígio — só podia nascer naquele momento, para ser o que não podia deixar de ser: ele mesmo. Ele mesmo quer dizer: "a multitudinous voice", uma voz insuflando vida a muitas vozes, todas elas sugerindo pelo timbre uma presença humana, que é e não é o autor, a um só tempo máscara e verdade. Tudo nessa ficção parece dizer: — Adivinha quem sou eu, que falo pela boca dos meus fantoches e me transformo em pura inflexão.

Mas deixemos de lado a sedução dessa profundidade psicológica; dentro do seu grande teatro humano, estou vendo agora um teatrinho crítico, onde se desenvolve o drama da criação do estilo. É o modesto palco da lingüística e da história literária. Observou um grande conhecedor destas coisas, G. D. Willcock, que ele não chegou a enfrentar a "inanição hibernal da língua", como o pobre Spenser, pois andava no ar um ímpeto de conquista e o espírito de pirataria não campeava só nos mares. Na moldura cultural do ambiente, como a reforçar o prestígio do teatro, restrita era a circulação dos livros, a iluminação dentro ou fora de casa obrigava os olhos a um repouso inevitável, a memória dependia muito mais do aguçamento do ouvido, o grande público sabia ouvir, aplaudir, patear, com reações imediatas, sem falar na crítica dos letrados.

Nessas condições, a palavra ouvida mais que a palavra lida, a palavra articulada a plena voz ou sussurrada, nas asas do canto ou nas modulações de uma declamação teatral, no jogo ágil das réplicas ou no entrechocar dos trocadilhos e triquestroques — decerto estimulava como nunca a inventiva gratuita dos poetas, ainda mais quando consideramos a insegurança gramatical da época. A gramática, a disciplina imposta pela tradição escrita do latim e das artes de linguagem corria atrás da fala, armada de férula, mas a fala — inclusive os falares regionais — aproveitava-se das franquias do momento para entregar-se às audácias da criação. Era a palavra que se escuta a si mesma, enamorada de suas graças virtuais, disposta a esgotar as possibilidades na aventura da improvisação livre, do experimento ilimitado e das neologias.

De outro lado, não devemos esquecer, com a ajuda de Hardin Craig, que o preceito fundamental da poética na Renascença era a profusão, isto é, a invenção postulava habilidade verbal e variedade numerosa. Daí a multiplicação de epítetos, as figuras iterativas, a paronomásia e os jogos de retrocados, a tendência analítica, tudo acompanhado de formas comparativas: símile, metonímia, personificação... O metaforismo contínuo, a antítese encadeada, o abuso da paronomásia são traços que logo se reconhecem nas manifestações de intemperança verbal das personagens shakespearianas.

E assim a ação já começa a delinear-se em nosso teatrinho crítico... Já começamos a ver que não era muito fácil a tarefa imposta ao poeta, entre uma língua seivosa mas demasiado fluida, de um lado, e, de outro, uma rígida preceptística, espécie de corrida de obstáculos só para gênios. Como teatrólogo, podemos dizer que foi justamente essa propensão para o verbalismo excessivo, agravada pelo preceito retórico-poético da abundância na variedade, o maior perigo para ele. Mais que ninguém, todavia, Shakespeare tinha plena consciência desse desequilíbrio, pois em diversos dramas e comédias, mas particularmente em *Hamlet* e em *Romeu e Julieta*, deixou esboçada uma verdadeira autocrítica, parodiando-se a si mesmo, ou melhor, parodiando os preconceitos retórico-poéticos em voga na Renascença e pelos quais era obrigado a pautar-se. E, não obstante, apesar da autocrítica, recaía nos mesmos abusos, como os viciados voltam com delícia pecaminosa ao seu vício gostoso, de modo que é praticamente impossível traçar um limite entre a sua verdadeira linguagem e a paródia dos abusos verbais em voga no momento.

A própria vitalidade do estilo, aquela espécie de frêmito a encrespar-lhe o discurso, está mostrando pela sua tensão que há uma luta sem trégua entre o poeta e o autocrítico, um desesperado esforço de superação e equilíbrio. Nos momentos mais imprevistos, podemos dizer que irrompe uma interferência de "problemas de expressão", "interesse lingüístico", "consciência retórica". O melhor exemplo é aquela cena quase monstruosa em que Hamlet se põe a "corrigir" o desespero de Laertes, sobre a cova de Ofélia, como se fosse um diretor de cena. Não parece uma lição teatral ao irmão de Ofélia, com o desígnio de mostrar que um sofrimento dilacerante não comporta nenhuma forma adequada de expressão?

Essa autocrítica dá a entender que o misterioso homenzinho de Stratford, quem sabe se mestre-escola, segundo o testemunho do ator William Beeston muito cedo começou a estudar um pouco de gramática latina. Sóbrio em latim e jejuno em grego, de qualquer modo, a julgar pelas modernas pesquisas, andou folheando o *Jardim da eloqüência*, de Henry Peacham (1577), a *Arte da poesia inglesa*, de George Puttenham (1589), a *Arte da retórica*, de Thomas Wilson (1553), e outras obras de consulta obrigatória.

T.W. Baldwin, em *William Shakespeare's Small Latine and Less Greek* (1944), e a Irmã Miriam Joseph, C.S.C., em *Shakespeare's Use of the Arts Language* (1949), revelando a complexidade do *background* lingüístico no caso de Shakespeare, ponderam como é difícil distinguir entre a sua contribuição pessoal e o uso dos padrões retóricos estilísticos em voga na época. A exposição sistemática da Irmã Miriam Joseph, verdadeiro repertório completo com exemplos extraídos do texto, poderia sugerir que Shakespeare não pisou nunca fora do rego, enquadrando rigorosamente a sua veia generosa nos escaninhos previstos pela arte de linguagem. Num desfilar interminável de exemplos, os esquemas gramaticais, as figuras de repetição, os tópicos de invenção, o exame da argumentação com a síntese de *pathos* e *ethos* acumulam-se de página a página, e ao espírito analítico da própria teoria estudada acrescenta-se a minudência analítica da autora, sem que afinal se possa reconstituir, todo ele, o retrato do autor, a não ser num mosaico torturado e estilhaçado, que não diz grande cousa à exigência de uma síntese criadora. Com todos os seus méritos inegáveis, a obra da Irmã Miriam Joseph não dispensa a consulta às boas obras animadas de espírito interpretativo, como, por exemplo, *The Language of Shakespeare's Play*, de B. Ifor Evans (Methuen & Co., 1952).

Um dos aspectos mais importantes, que só Ifor Evans chegou a tratar na devida perspectiva, é a incessante busca da simplicidade, como conquista contra as tendências da época e do próprio autor, solução para ele imperiosa de um problema de técnica teatral e expressão justa, com o verso branco neutro, despido, desafeitado, a serviço do realismo. Ele era obrigado a dançar pela música da hora. "It may be recalled that in exploiting the resounding and elaborate elements in language he was answering the spirit of his age (...), but the quiet language was a dramatic opportunity and a necessity that he had to discover for himself, against the fashion of his time, and indeed in opposition to much that was dominant in his own temperament".

Podemos dizer assim que há dentro do seu teatro já tão complexo, como preconizava, aliás, o padrão do drama isabelino, com duplicação de intriga, variedade de caracteres, episódios numerosos, um teatro de bastidores, onde o autor é o genuíno protagonista, e no qual se desenvolve a comédia — ou, se preferem, o drama da criação poética.

Sua aparente exemplificação está, como todos sabem, naquele terceiro ato de *Hamlet*, com seu palco dentro do palco. Mas aqui a profundidade da ação envolve a idéia de um teatro subjetivo — o teatrinho crítico — onde todas as personagens acabam reduzidas à dualidade do autor, a travar um diálogo incessante consigo mesmo: o diálogo da autocrítica.

A forma secreta

SOLILÓQUIO DO HAMLET

"In diesem Korpus, träg und aufgeschwemmt
Sagt sich Vernunft als böse Krankheit an…"

BRECHT, *VERSUCHE*, II.

Se Hamlet não chegou a aceitar por indiferença ou embotamento o reino podre que nesta vida lhe coube por herança, é que não teve tempo; morreu muito moço, no quinto ato, quando o autor já não sabia como se livrar de tão estranho parto das suas entranhas.

Faltou-lhe viver e deixar a vida rolar no declive dos anos, monotonamente, afeiçoando-o a tudo, esvaziando o saco das esperanças… Faltou-lhe a morfina do tempo.

Creio que o mais acertado, como solução de tragédia, seria levá-lo sem mais delongas ao trono, entre bombardas e flâmulas, aclamações e fanfarras — longos anos de vida ao nosso Rei! — para que ele pudesse governar, isto é, sentir de mais perto o vazio de tudo e a escravidão do mando.

Longos anos de vida ao nosso Rei! Longos e arrastados anos de rotina, presidindo o conselho entre dois cochilos, despachando a papelada, e naturalmente uma guerrazinha de vez em quando, uma cabeça cortada, um repelão nas rédeas frouxas, que o imprevisto é o sal da tranqüilidade... Esta, sim, seria a verdadeira tragédia, a da experiência vivida e não apenas imaginada, pressentida, rejeitada... Num pensativo aceno a si mesmo, repete o leitor o amargo soneto de Bertold Brecht. Mas para que extrair mais uma vez de *Hamlet*, como um bom professor alemão, a inevitável glosa filosófica? Afinal, seu exemplo é uma advertência contra a vã filosofia. Há mais coisas, Horácio, no magro príncipe derreado ao peso das interpretações, do que pode imaginar a vossa crítica... Há, por exemplo, o mal de não saber tapar os ouvidos à voz coletiva da corte, ao sussurro interior da consciência, que é a voz dos outros a imitar a nossa voz: milhares de olhos indagadores fitando o pobre eu desajeitado em cena, o medo da opinião judicial, o terror diante do coro... Pobre Hamlet! Como o protagonista na tragédia antiga, és apenas um farrapo humano, o herói verdadeiro é o coro.

E esta aproximação com a tragédia antiga, ou com o antigo *fatum*, é menos gratuita do que poderia parecer à primeira vista. No mundo sombrio de Homero, uma grande maioria de explorados vive sob o jugo de uma pequena minoria de exploradores, mas estes poucos exploradores também estão sujeitos ao capricho dos deuses, conforme sopram os ventos do bom ou mau humor olímpico. Diante desse implacável destino, que tudo governa com a arbitrária interferência dos deuses e só pode provocar uma total irresponsabilidade, qual é o sentimento que impede, da parte do homem, uma letargia moral traduzida em inércia? É o sentimento de vergonha que logo vem à tona e, nos momentos frouxos, pela boca de Stentor, de Atena, de Hera, fustiga os guerreiros prostrados, galvaniza os fujões, obriga o covarde a engolir em seco e, depois de uma prudente olhadela em volta, a arrostar de novo com o inimigo, a ter medo de ter medo...

Aidós, eis a palavrinha mais importante do vocabulário homérico, uma palavrinha armada de virtudes tonificantes, que voa mais que todas as outras e vai ecoar mais fundo na consciência dos pobres heróis ameaçados. *Aidós* não é só pudor, vergonha, mas também *o que causa vergonha*, o acicate que retempera, enfibra, empurra para a ação o soldado hesitante na batalha desta vida.

Mas para nós, que traduzimos tudo em termos sociológicos, que há no fundo deste virtuoso *aidós* senão o medo judicial da opinião pública, o sentimento de temor reverencial ou social a que ninguém se esquiva de um modo ou de outro, mesmo quando pretende haver cortado as amarras que o prendiam à solidariedade humana? Quando Agamenão, que era um general finório, grita no primeiro arrancar da batalha: "Envergonhemo-nos, uns dos outros!", bem sabe o que faz (*Ilíada*, V, 530).

Pois bem, esse mesmo olho da opinião que tudo vê e julga, obrigando o triste herói a convocar o voto alheio no fundo da consciência, é uma presença permanente na tragédia de Hamlet, príncipe da Dinamarca. Pupila indagadora e penetrante, segue os menores movimentos do ator chamado Homem, no seu palco ridículo. Embora não figure entre as *dramatis personae*, está sempre em tudo, em toda parte; com ênfase particular, naquele espectro que é o dono da peça...

Já na intenção do autor, o Espectro era a personagem fundamental, pois provoca o interesse dramático e precipita os acontecimentos em crise e sobressalto. De acordo com Dover Wilson, também acredito que representa, na própria intenção de Shakespeare, a importância atribuída então à demonologia, habilmente aproveitada como fator dramático. Mas o fato essencial, na revelação do crime, é a "voz da consciência", que obriga o pobre príncipe a dizer, gemendo sob o peso da responsabilidade moral que o destino lhe atirava às costas magras de sonhador e *scholar*, cuja única ambição era voltar a Wittenberg e às letras, mais que às armas:

> The time is out of joint; O cursed spite
> That ever I was born to set it right!

Desde aquele instante, em vez de poder viver a sua vida vocacional de príncipe das quimeras, será *vivido* pelo seu dever, amordaçado, empurrado à ação pelo medo de ter medo, pela vergonha de hesitar e debater consigo mesmo, recuando ainda diante do imperativo da vingança. E quem o enche assim de nojo de si mesmo? De onde vem a rubra onda de vergonha que lhe intumesce a cara? Que olho implacável o acompanha a cada passo?

Se me dessem por descuido a incumbência de levar ao palco a tragédia das tragédias, proporia reduzir todas as cenas a uma única e simbólica cena: Hamlet sozinho — sozinho como só ele — diante da platéia, que o julga, e pesa, e observa. Para que tantas marcações e complicações? Nada de espectros, ranger de dentes, teatro dentro do teatro, repetido, aliás, em caricatura de pantomima... Seria o teatro reduzido à expressão mais simples.

A maior vantagem da minha solução simplista está em contrapor, frente a frente, as duas únicas e verdadeiras personagens da peça: a platéia, que representa neste caso o olho judicial da consciência, e o herói, mais heróico, mais pálido, mais esguio assim, reduzido a puro solilóquio, na cena deserta. E há outra vantagem ainda, ressaltaria muito mais a verdadeira grandeza trágica do herói: o direito de espernear, debater, protestar contra o destino que o esmaga. Diante desse poderoso olho feito dos mil olhos do monstro platéia pregados na vítima, Hamlet resiste, discute, hesita, recua e só quando recua verdadeiramente nos comove, só no ser ou não ser ele é realmente...

Se fosse apenas um dos tantos príncipes brutais de que está cheia a história e o teatro de Shakespeare, não haveria hesitação alguma, nem conflito interior, nem haveria Shakespeare em toda a sua grandeza. Eis uma tragédia paradoxal, em que o maior interesse dramático não está na ação, mas no seu estado virtual e numa espécie de paralisia angustiosa da ação.

O herói marcando passo... No próprio momento de agir — chegou a hora, é tempo de transformar em sangue as pálidas ruminações do pensamento! — toda ação já lhe parece, mesmo em pura potência, inexpressiva e morta, inscrita na ordem das coisas possíveis, pois não consegue vê-la apenas em seu sentido vital e imediato — a vingança justa, o castigo merecido, a reabilitação de uma venerada memória — mas reduzida a episódio insignificante de um grande todo contraditório e vão... É que havia outro olhar implacável dentro dele, além do agudo olhar da consciência moral: a clarividência de quem tudo compreende, por aderir a todas as cousas. E quem tudo compreende, aderindo a tudo, como poderá julgar, decidir, caminhar? Se o homem age, é por ignorância...

Sangue e tepidez, terror ou malícia, o ridículo e o trágico misturados, como um tumulto que acaba em silêncio, toda a comédia humana é ao mesmo tempo aguçada e neutralizada pelo murmúrio interior do príncipe das angústias, numa espécie de síncope lúcida — a síncope que provém da extrema lucidez de tudo. O poeta conseguiu realizar esta cousa absurda, ou pelo menos paradoxal: o drama da ação abortada, isto é, a ação que fica na virtualidade e, por mais que pareça realizada em cena, acaba desfeita em agitação insensata.

O sentido que podemos extrair de todo este tumulto, portanto, é justamente a falta de sentido, o absurdo, a convulsão estéril, o nada de tanta cousa que tumultua, se agita, sangra e se esvai... A ação dramática foi rigorosamente encadeada para reforçar a impressão definitiva de uma síncope — e tudo afinal nos reconduz ao inevitável ser ou não ser, tudo é pura perplexidade. Não só, pensando bem, a perplexidade do Herói estarrecido e manietado, mas a outra, mais profunda, que decorre da sugestão moral da peça, tragédia sem catarse que, ao lento cair do pano, só nos deixa como objeto de meditação e fruto amargo, uma interminável fila de interrogações... Que sentido há num destino? Que é a liberdade de ação de um herói, se tudo lhe parece igualmente possível e vão, necessário mas inaceitável? E por que me coube justamente a mim repor o mundo nos seus eixos? *The time is out of joint; O cursed spite / That ever I was born to set it right?*

Talvez ainda mais do que no *Rei Lear*, prevalece aqui a impressão de um pesadelo; a vida é um pesadelo, e despertar na morte será realmente acordar, interrompendo a sua angústia? Haverá, para quem sofre, a certeza da morte absoluta, do não ser que tudo apaga, ao apagar das luzes: memória, consciência, remorso?

São as perguntas do príncipe virtual, tentando em vão descer à platéia, acomodar-se à condição humana.

A chave e a máscara

LEÃO MORTO E CÃO VIVO

O leitor desconhecido começou a farejar os volumes enjeitados do livreiro Quaritch, a *penny box*, espécie de roda dos expostos, que ficava do lado de fora, convite ao abatimento ou à barganha.

Seu olho azul e distante pousou num título exótico, edição da casa: *Rubáiyát of Omar Khayyám,* Londres, Bernard Quaritch, 1859. Tomou do livrinho e sem maior palpite folheava, pescava de vez em quando uma quadra, um verso, uma rima. Daí a momentos, passando de pescador a peixe, mordia no anzol:

> Come, fill the Cup, and in the fire of Spring
> Your Winter-garment of repentance fling:
> The Bird of Time has but a little way
> To flutter — and the Bird is on the Wing...

Deu-lhe uma coisa, um calor frio no epigastro. Releu alguns versos, tresleu alguns outros e, sentindo ventar-lhe na testa a asa do pássaro vertiginoso, entrou para negociar com o livreiro, já então estabelecido em Picalilly, 15. Comprou a pênique alguns exemplares, que distribuiu entre amigos, decerto amigos também da poesia e todos eles irmãos da opa. *Come, fill the Cup...*

Foram os primeiros leitores ocidentais do estranho Ghiyas Uddin Abul Fath Omar Ibn Ibrahim al-Khayyámi, poeta e astrônomo, falecido em 517 da Hégira (1123-24), havia então 737 anos, pois isto passou-se em 1861, esquecia-me dizê-lo. Foram os primeiros leitores ocidentais, bem entendido, se não levarmos em conta o autor da *Veterum Persarum Religio*, Thomas Hyde, na primeira metade do século XVII; Sir Gore Ouseley, o primeiro tradutor inglês, em princípios do século XVIII; Von Hammer Purgstall, autor de uma *História da literatura persa* (1818); Friedrich Rückert, que na sua *Gramática, poética e retórica dos persas* (1827) já citava Khayyám; e os orientalistas amigos de FitzGerald: Edward Byles Cowell e Garcin de Tassy.

Só algum tempo depois começa a espalhar-se a descoberta entre as gentes literárias: Wilks, da *Saturday Review*, falou a Rossetti, Rossetti logo transmitiu a boa-nova a Swinburne e Morris, Swinburne revelou o caso aos Burne-Jones. A essa altura, graças ao próvido Quaritch, o preço era outro, a julgar pelas confidências de Swinburne, que nos mostra a indignação do angélico Dante Gabriel, ao descobrir que teria de pagar pelo exemplar "the iniquitous and exorbitant sum of two-pence!". Que diria ele se pudesse espiar para o futuro? Dê-se tempo ao tempo, e daí a 75 anos, um exemplar da edição original, autografado por Swinburne, será posto à venda no catálogo do leilão da firma Quaritch, pela modesta quantia de nove mil libras. São os mistérios muito claros da glória, da oferta e da procura.

Certo é que um dos diretores da *Saturday Review* comprou o restante da primeira edição, mas não deu nem sinal de nota bibliográfica ou resenha crítica.

A todas estas — quem seria o tradutor? — perguntavam os pré-rafaelitas Dante Gabriel Rossetti, Swinburne, Morris e Burne-Jones, cada vez mais intrigados com o anonimato. Burne-Jones, que havia tirado cópias para alguns amigos, comunicou o fenômeno a Ruskin, em 1863. E Ruskin então escreveu a consagradora *Nota ao tradutor de Omar Khayyám*, que só em 1873, dez anos depois, seria transmitida a FitzGerald por seu amigo Carlyle. Quando Charles Eliot Norton, autor do primeiro artigo realmente objetivo sobre as traduções de J.B. Nicolas e de FitzGerald (*North American Review*, outubro, 1869), veio dizer a Carlyle, com ares misteriosos, que o famoso desconhecido, autor da tal tradução, era um certo Rev. FitzGerald, de Norfolk, sujeito esquivo nas letras e assíduo na canotagem, Carlyle deu boas risadas:

— Reverendo coisa nenhuma! Conheço o homem, é meu amigo, e quem o conhece duvida muito das maravilhas dessa tradução...

"More — more — please more", dizia Ruskin em sua nota. Certo é que a tradução de FitzGerald em pouco tempo era a tradução do século, nas letras inglesas. Ao mesmo nível de prestígio, só a *Bíblia*, na *authorized version*, o Platão de Jowett, os Homeros de Pope e Chapman. Como fonte de citações, nas letras inglesas, só perde para o livro dos livros. Quem ousaria recomendar aquelas traduções como literais, no estrito sentido de fidelidade ao texto? Elas cabem muito bem na imagem pitoresca desenhada especialmente para seu uso autocrítico pelo próprio FitzGerald, sempre tão honesto na sua contida ironia. Costumava ele dizer que, no mercado das traduções, a um leão morto preferia um cão ladrando e vivo: "The live Dog better than the dead Lion."

Mas não me parece muito fácil interpretar com alguma precisão o significado prosaico da metáfora. Até que ponto o leão morto sacode a juba, ressuscitado no cão vivo, e escancara o seu discreto rugido? Examinando a questão a fundo, inevitável é reconhecer que um texto poético não comporta rigorosa fidelidade formal sem quebra do encantamento originário. Em nosso caso, o verso de seis a oito pés métricos, chamado *bayt*, compõe-se de dois hemistíquios. Acontece que no *rubái* quase sempre a rima incide na primeira, na segunda e na quarta *misrá*, ou metade do verso, e, além disso, muitas vezes é reforçada por uma cláusula obrigatória, ou pela anadiplose, com efeitos de sonolenta monotonia para os leitores ocidentais. Basta, para comprovação mais fácil, consultar a tradução de John Payne, *The Quatrains of Omar Kheyyam of Nishapour* (Londres, Villon Society, 1898), que não tem medo de submeter-se a um máximo de literalidade; ao fim de algumas páginas, se o curioso de teoria literária ou aprendiz de orientalista aguça desde logo a atenção, fatalmente o amador de poesia cochila e manda passear o tradutor.

A verificação exaustiva das infidelidades ou liberdades de FitzGerald na sua tradução de Khayyám já mereceu a análise de Edward Heron Allen, que levou doze anos rastreando os seus estudos do orientalista amador e as fontes de cada quadra (v. *Edward FitzGerald's Rubá'iyât of Omar*

Khayyâm, Londres, B. Quaritch, 1899). Outro orientalista, Reynold A. Nicholson, depois do mesmo exame aprofundado, vem a observar que as deficiências de FitzGerald, como *Persian scholar*, transformaram-se em vantagem para o poeta e tradutor de poesia que ele era acima de tudo. Não percebendo, por insuficiência de erudição, as ambigüidades teológicas e místicas que quase sempre andam entretecidas na linguagem sutil da antiga poesia persa, pouco ou nada sabendo da filosofia islâmica, pôde interpretar com mais ingenuidade o texto na sua expressão direta de canto lírico, sem preocupações de sentido alusivo.

FitzGerald não se limitou a traduzir, mas viveu em espírito, sofreu no sangue a suposta aventura metafísica e poética do seu irmão oriental, esquecido no tempo. "Old Omar", dizia ele nas cartas, como se Khayyám não fosse um vago fantasma criado pela imaginação lírica sobre a decifração de alguns apógrafos — mas um irmão em carne e osso, presente e humano, respirando a seu lado e dando a provar, numa taça de argila, esse vinho tão esquisito, feito das amarguras mais profundas desta vida, doce e consolador apesar do seu travo. Foi decerto isso mesmo que logo sentiu, com a aguda intuição dos amadores de poesia, aquele desconhecido leitor que farejava a *penny box* de Quaritch:

Come, fill the Cup.

A forma secreta

GOBINEAU E A PAISAGEM INÉDITA

Lamentava Gobineau a falta de perspectiva histórica no grandioso cenário da Guanabara, "où se montre seule la nature physique, où aucun souvenir humain ne parle"...[1] Mas a culpa era dele, da sua incuriosidade pela história americana, se não soube animar aquela orgia de rochas e matas e praias com tantos fantasmas que bem conhecemos. Não há paisagem que não deite raiz no passado e não respire de algum modo história. Às vezes, só história geológica, se quiserem, quando campeia em plena força a natureza virgem. Mas o tempo e a memória dos homens impregnam quase

---

[1] V. Gobineau, *Vie de voyage*: "On a comparé l'aspect de Constantinople à celui de Naples. Quel rapport entre le plus charmant des tableaux de genre et la plus vaste page historique que l'on connaisse, entre un chef-d'oeuvre du Lorrain et un miracle du Véronèse? On l'a comparé aussi à la baie de Rio-Janeiro. Mais qu'est-ce que cet enchevêtrement superbe d'innombrales bassins se succédant sous des montagnes déchiquetées, dont les nervures verticales hérissées de forêts semblant des orgues où se montre seule la nature physique, où aucun souvenir humain ne parle, où les yeux seuls sont étonnés, éblouis, qu'est-ce que cette opulance toute matérielle a de commun avec l'aspect de Constantinople, scène animée, magnifique, intelligente, éloquente, domaine du passé le plus grand, que peuplent à jamais les souvenirs, les sublimes créations du génie? Qu'est-ce que le plus achevé des paysages anonymes et muets en face d'un spectacle si parlant?"

sempre as coisas de uma névoa de passado e evocação que as transfigura com não sei que toques de magia. Torna-se transparente qualquer paisagem, aos olhos de quem recorda ou tenta reconstituir os seus aspectos anteriores. E um país, uma cidade, uma rua começam a desandar para as suas feições primitivas, a desmanchar-se, recompondo-se noutra ordem de planos, quando se projeta no seu passado a luz da fantasia histórica.

Assim via Garrett, ao bom trotar das mulinhas, surgir no alto da calçada os olivais de Santarém e num igrejório insignificante de capuchos distinguia, embora com algum esforço, a real colegiada de Afonso Henriques, a veneranda igreja d'Alcáçova, transformada em massa de alvenaria pelos mestres pedreiros de aldeia. É verdade que aí o passado, apesar de tudo, gritava em cada entulho de pedra e caliça.[2]

Na observação de Gobineau acha-se representada tipicamente a atitude do europeu diante das "terras virgens", que ele, saturado de erudição, supõe vazias de sentido humano, por força de um conceito relativo, nem sempre justo. São "paisagens inéditas", dizia, concentrando no adjetivo o seu desdém. E, pensando em Constantinopla, ao contemplar a nossa baía, acrescentava: "Qu'est-ce que le plus achevé des paysages anonymes et muets en face d'um spectacle si parlant?" No imenso deserto, só enxergou o imperador.

Não obstante, a mesma relatividade que despovoava o ambiente, quando cotejado com as terras européias, também

---

[2]V. Garrett, *Viagens na minha terra*, caps. XXVII e XXVIII.

exigia outras medidas relativas para a consideração dessas praias atlânticas.

Qualquer brasileiro de cultura mediana veria na enseada um cenário animado e vivo, repleto de fantasmas históricos, veria, na expressão de Capistrano: "... um anfiteatro imenso, de que se debruçam as gerações idas, à espera de feitos dignos do cenário; com as suas ilhas feiticeiras; com a sua baía sem par, onde vagam as sombras de Américo Vespucci, que legou o nome a um continente que não descobriu; de Gonçalo Coelho, o navegante pertinaz; de Magalhães, o primeiro que circunavegou o globo; de Nóbrega, de Anchieta, de Mem de Sá, de Villegaignon..."[3] Sem falar nos compatrícios do conde francês que arranhavam a costa e pirateavam nossas águas. Léry e Thevet poderiam servir-lhe de guias na iniciação do ambiente histórico, sobreposto ao cenário bárbaro, que a sua miopia de ocidental obcecado pelo Oriente não logrou humanizar.

Muito pouco, entretanto, representava esse aspecto litorâneo diante das feracidades do *hinterland*. A Guanabara era uma espécie de portão da terra enorme e resumia historicamente o esforço dos governantes gerais no sentido de controlar a costa e limpá-la dos inimigos, tarefa já bastante ingrata.

Que dizer, então, da outra fase da nossa formação que ali se abria, rumo ao interior, pelos caminhos que os rios indicavam, e da fixação dos limites em sucessivas entradas?

---

[3]V. Capistrano de Abreu, *O descobrimento do Brasil,* ed. da Sociedade Capistrano de Abreu, 1929, p. 66.

Por certo, o drama da exploração dos sertões, o desbravamento e a conquista de uma terra virgem, a catequese ou o apresamento do gentio não cabem no bocejo de um *causeur* petulante e são precisamente o contrário de uma "paisagem inédita".

Se o fantasista descendente de Ottar Jarl, tão atento às manifestações da energia criadora, às empresas da *virtù* e à moral da façanha, com menos teorias, tivesse mais respeito à complexidade histórica, se a sua imaginação, em vez de ficar presa aos velhos burgos, às tradições já fixadas em textos clássicos e amarelecidos, aprendesse a voar sobre o oceano das caravelas e dos sargaços, unindo os dois, os três continentes, talvez compreendesse que um novo capítulo da história começava na mesma direção que tomara em sua travessia, rumo ao futuro.

E que revelações para um curioso das questões raciais como ele, que festa para a sua fome de hipóteses arrojadas e que vasto campo de experimentação ali se desdobrava, como que especialmente criado para poder verificar seu conceito de relatividade do valor étnico![4]

A "paisagem inédita" já então resumia uma experiência de três séculos e meio, com todos os complexos sociais da imigração e da mestiçagem em larga escala. E que riqueza

---

[4]O conceito de relatividade do valor étnico na obra de Gobineau foi desenvolvido por Robert Dreyfus num curso de conferências da École des Hautes Études Sociales, em 1904-1905. Dreyfus foi o primeiro intérprete que apresentou um Gobineau mais completo e humano, menos *gobinista* que os seus discípulos. V. Robert Dreyfus, *La vie et les prophéties du Comte de Gobineau*, Calmann-Lévy, s.d.

de tons e entretons seria necessário empregar para reproduzir num mapa etnológico a variedade de pigmentação, entecida na cruza surpreendente de tradições, usos, costumes, tudo em estado de fermentação imprevisível, em potencialidade bruta, como se algum demiurgo imaginoso tentasse, no cadinho de meio continente, precipitar a criação de um homem novo!

Imagine-se também, pois não custa imaginar, o que poderia ter sido Gobineau preocupado com o problema das origens americanas, esse paraíso das hipóteses gobinistas. Esplendor e decadência de raças, grandes transplantes de civilizações, consonâncias lingüísticas, todas as ousadias do símbolo e das sugestões míticas, todas as insídias do paralogismo. E ao termo, como solução de preferências pessoais, o consolo de tornar ao continente dos seus sonhos, a inolvidável Ásia...

Começava então o prestígio dos "veneráveis Árias". Nos 180 *linguistic stocks* de Brinton, que mais tarde Rivet reduziu a 123, era praticamente impossível não encontrar coincidências de fonemas, segundo as preocupações do pesquisador. Pescavam-se gravemente os *pendants* americanos de Zeus, Brahma, Gott e God; num dialeto do Orenoco descobrira-se um propício Theos. O quechua foi sucessiva ou simultaneamente grego, hebraico e sânscrito puro. De conexão em conexão, construíam-se as pontes hipotéticas entre a América e a história clássica. O que levou mais tarde um autor malicioso a declarar que se comprometia sem vacilações a descobrir as afinidades americanas de qualquer palavra, por exemplo, "tsé-tsé" ou

"Tarasca".[5] Em suma, um campo de ação ideal para o nosso conde.

Neste jogo de possibilidades perdidas é fácil imaginar o que teria sido esse novo Gobineau, a ser acrescentado aos dois ou três que passaram à história. Uma lástima pensar que perdeu assim o seu melhor tema, o tema ideal que o esperava, intacto, nas praias atlânticas.

Entre os mil motivos que pairam no mundo da potencialidade à espera de quem lhes dê forma, acontece que há um só motivo ideal para cada escritor, como se, por estranha predestinação, desde toda a eternidade aguardasse aquele espírito irmão e nenhum outro, contando um dia subir do inconsciente ao consciente e cair-lhe nos braços. Também o homem vive a buscá-lo, tateia de tema em tema, insatisfeito sempre com os pressentimentos do vago sonho esboçado na obra. São fragmentos do grande todo, confessava o poeta Platen, quando muito, intuições aproximadas, o que ele conquistou.

Conforme as teorias e as regras do jogo, felizmente para a indispensável mediocridade humana, jamais haverá um ajustamento perfeito entre as duas metades descasadas. Quando acontece o prodígio do encontro, nasce a obra genial, como da união de Sílvio e Sílvia, naquele conto de Machado de Assis, que nascia a expressão justa e o estilo começava a cantar.[6]

•

---

[5] V. J. Imbelloni, *Dos Americanismos*, separata do *Boletin del Instituto de Investigaciones Históricas*, tomo IV, 225-245, Buenos Aires, 1926, p. 15-19.
[6] *O cônego ou metafísica do estilo.*

Nada disso ocorreu ao conde de Gobineau. Ele ruminava o seu orientalismo, digeria problemas de escrita cuneiforme, revolvia o erudito monturo da história dos persas. Mérimée lá longe, do outro lado do oceano. No fundo da memória, em momentos de tédio, sobrenadavam as imagens prestigiosas que as velhas terras evocam, impregnadas do mistério dos séculos adormecidos, mais pungentes agora, com tamanha distância no espaço, além do recuo no tempo.

"L'air était doux et humide. Des bouquets de palmiers et de tamarisques se détachaient sur la lumière du couchant. Beaucoup de tristesse, beaucoup de grandeur, et cette idée qui trouble, que c'est là le Nil, c'est là l'Ègypte, c'est là l'histoire immense qui frappe et qu'on ne sait pas."

Havia, sem dúvida, aquele homem grave e letrado, que distribuía programas de erudição nas sessões do Instituto Histórico: o imperador. De vez em quando, picavam-no uns pruridos de escultura. Mas o sol implacável afugentava todos os fantasmas, recordando claridades cruas, marcando a luz e sombra os contornos, rebrilhando nas praias e nas casas, absorvendo qualquer vestígio de penumbra íntima, um sol restituído à sua glória tropical.

O mar deslembrado de tudo, indiferente às construções humanas, arrebentava noite e dia a fervura da espuma contra os rochedos da enseada sem mitos. Igrejas e palmeiras, morros e passeios, chafarizes e portões, sobrados, beirais e ruas tortas, o pitoresco da cidade, que hoje tentamos reconstituir através de textos e gravuras, deixavam-no inteiramente desamparado. Em vez de fixar em breves mas valiosos apontamentos a alma fugitiva de uma sociedade, aquele momento irreversível entre tantos momentos, preferia refugiar-se em São Cristóvão e discutir a emancipação dos escravos ou a emigração dos colonos alemães com seu imperial amigo. Recebe presentes do imperador e reitera os termos do seu pedido de licença: voltar, voltar é o seu refrão.[7]

O sol castigava a paisagem anônima. As palmeiras insolentes não sabiam de ruínas vetustas e restos de impérios. De noite, o pesadelo da febre amarela entrava no quarto, pé ante pé, e o descendente de Ottar Jarl acordava angustiado, com a sensação de sinistros puxões nas pernas...

À sombra da estante

---

[7] V. Georges Raeders, *D. Pedro II e o Conde de Gobineau* (correspondências inéditas), Cia. Editora Nacional, 1938, Introdução.

SEMPRE DOSTOIEVSKI

Há pouco tempo Wladimir Pozner, ladeando a maneira habitual de encarar a obra de Dostoievski, tentava, num ensaio curioso, aproximá-la do romance de aventuras. Segundo ele, uma análise da filiação literária, das influências literárias que agiram no caso, seria talvez mais significativa para sua compreensão.

A documentação apresentada é minuciosa e interessante. Começa mostrando que na Rússia de então, quando Dostoievski era um adolescente apaixonado pelas leituras romanescas, o "romance negro" inglês tinha uma grande repercussão popular, com Ana Radclife à frente, espécie de Edgar Wallace daqueles tempos. O romance policial foi um resultado do "romance negro" e este, por sua vez, do romance picaresco. Pozner sublinha um trecho de carta (1861) em que Dostoievski confessa a sua admiração pelos livros de mistérios e aventuras. Seu maior desejo, na opinião de Pozner, era escrever grandes obras de interesse melodramático e rocambolesco, tornando-se o Eugênio Sue da Rússia.[1]

---

[1] O ensaio de Pozner foi publicado na revista *Europe*, em 1932. Sobre o "romance negro", v. Alice M. Killen, *Le "Roman terrifiant" ou "Roman noir" de Walpole à Radcliffe, et son influence sur la littérature française jusqu'en 1840*. Bibliothèque de la Revue de Littérature Comparée, 1942.

Essa preocupação vem ao encontro da observação crítica feita por Ortega y Gasset a Pio Baroja: Baroja via em Dostoievski principalmente o transfigurador genial das pequenas misérias da vida, ao que lhe respondia Gasset com a seguinte *boutade*: "Ele é, antes de tudo, escritor habilidoso, isto é, um homem que sabe explorar o interesse do leitor..."[2]

Mas quem lê com atenção *O idiota, Os possessos, Os irmãos Karamazov* percebe logo a distinção que se deve fazer entre os processos do escritor e as sugestões que consegue dar, empregando tais processos, numa inesperada ampliação de âmbito psicológico. Porque, se o entrecho faz pensar nas formas folhetinescas da ficção, os efeitos obtidos por meio dele não só transcendem a literatura barata de folhetim, como ultrapassam as intenções puramente literárias, fundindo-se no plano das grandes angústias metafísicas. Não fica nos limites da arte a obra de Dostoievski, tão impura. Fatalmente, em cada leitor ela procura ferir a tecla espiritual emudecida. O seu sentido profundo é religioso. Sob a aparência romanceada, o que prevalece é o fato da experiência religiosa, o diálogo interior, a dilaceração constante do espírito, a esperança intermitente que ele próprio avistava às vezes, como aqueles moradores da *Casa dos mortos* viam brilhar um pedaço azul do céu lá no alto dos muros leprosos.[3] Nessa obra, em que nunca se apaga a marca suja e

---

[2] Ortega y Gasset, "La Deshumanización del Arte e Ideas sobre la Novela", *Revista do Ocidente*, 1926.

[3] V. principalmente Hamilton Nogueira, *Dostoievski,* Schmidt, 1935. Seu ensaio, tão desinfluído de literatice num tema sobrecarregado de glosas, é uma das melhores contribuições para o estudo de D., sob esse ponto de vista.

sangrenta da vida, há sempre em cena duas personagens: o homem e Deus, o resto é comparsaria.

Quem, portando, pretende ver em Dostoievski apenas o "hábil escritor", escolhe uma péssima posição para contemplar a paisagem humana que nos oferece. E na obra do grande russo, entre o ponto de partida e o ponto de chegada, se desenvolve o trabalho da transfiguração genial.

A distância percorrida é a mesma que vai da criação deliberada à criação inconsciente. Essa elaboração inconsciente em Dostoievski constitui uma característica essencial — ninguém apresenta ao mesmo nível o espetáculo do indeterminado na criação literária. Nunca se pode prever aonde nos levará a parábola do seu impulso, ao traçar os primeiros limites de uma intriga, pois ele mesmo não sabe para onde vai.

Escolho um exemplo que me parece decisivo, para explicar a sua maneira de fazer ficção: o caso famoso da conspiração de Netchaiev, que lhe forneceu o plano d'*Os possessos*. Acordava em Dostoievski ressonâncias profundas, pois vinha confirmar suas teorias sobre a contaminação do caráter russo pelas doutrinas avançadas do Ocidente e sobre o perigo da decadência religiosa.[4] As peripécias do caso, colhidas no processo e em recortes de jornal, podiam dar um romance inverossímil. O tema central deveria ser a conspiração, concentrando o interesse na figura de Netchaiev, tipo de anarquista brutal e cínico, autor de um "catecismo

---

[4]No *Dicionário de um escritor* podemos acompanhar a marcha dessas preocupações; e é interessante observar como D. se equilibra a contragosto no terreno ideológico e doutrinário.

vermelho", em que pregava uma nova moral revolucionária, o estoicismo anárquico.[5] O entrecho, portanto, estava pré-traçado, e era só desenvolvê-lo. Pois bem, uma simples leitura d'*Os possessos* basta para mostrar o poder transfigurador da criação inconsciente. As intenções tendem para rumos previstos, já delimitados no plano da obra; mas o ardor inventivo pouco se importa com a exigência dos limites, irrompe, transborda, carrega o próprio autor na torrente impetuosa, e o visionário mais uma vez se sobrepõe ao romancista, como também quase sempre o romancista absorve o homem de partido. Da febre do trabalho literário, noites e noites, dentro da bruma lúcida, ao clarão da lâmpada, nasce um livro monstro, pesadelo onde surgem caras crispadas, gente que vai e vem não se sabe bem por quê, uma loucura, um congresso de loucuras — tudo isso contado com a lógica dramática dos sonhos, impregnado de uma realidade fantástica, mais real do que as precauções de veracidade dos escritores realistas. A conspiração, tema *pivot*, empalidece diante da vida eletrizante que agita alguns tipos formidáveis de primeiro plano; Stavroguin, Chatov, Kirilov acabam desbancando Pedro Stepanovitch, herói da história, porque é em torno deles que reaparece o irreprimível motivo do solilóquio metafísico.[6]

Nessa espécie de pare-gato demoníaco, os momentos mais altos são determinados pelo aparecimento das três per-

---

[5]V. Anatole de Monzie, *Petit Manuel de la Russie Nouvelle*.
[6]Aliás, o próprio D. constatou essa reviravolta numa carta de outubro de 1870. V. *Correspondance,* trad. Bienstock, Mercure de France.

sonagens citadas, criaturas perdidas no seu mundo interior e que apenas sabem repetir em três tons diferentes a angústia espiritual do romancista.[7]

Vai tão longe em Dostoievski o ímpeto da criação inconsciente, que o seu mundo psicológico apresenta uma originalidade indisfarçável, em confronto com o dos outros grandes romancistas do século XIX.

Na *Comédia humana*, por exemplo, a simplificação do fator psicológico, respeitando às vezes a tradição clássica dos grandes tipos, é mais que evidente, é quase cansativa. Balzac animava os seus fantasmas com um reduzido complexo de apetites bem determinados, sem a interferência de imprevisto algum. Recortador de sombrinhas, empregava apenas o efeito do preto sobre o branco e conduzia suas silhuetas com tirania de criador autoritário, que não admite veleidades autonômicas da parte das criaturas. Tudo cabe exatamente dentro do lugar marcado por ele, e não sei se alguém já notou que espírito cesariano de organização impera nos escaninhos da *Comédia humana*. É quase um código. Partia de um juízo definitivo sobre Goriot, Eugênia Grandet ou qualquer figurante. Ao descrever seu primeiro gesto, já decidira qual seria o último. Psicologia um tanto simplista, feita em linha reta, sem considerar as virtualidades que fazem do homem um animal surpreendente, capaz de inesperadas mudanças.[8]

---

[7]Sobre a composição dos *Possessos*, v. André Gide, *Dostoievsky,* Plon, 1925, p. 243.
[8]Convém reler com a devida atenção o famoso "Avantpropos" que Balzac escreveu em 1842, no qual o romancista, sobrepondo à influência de Walter Scott a de Geoffroi Saint-Hilaire, pretende fazer obra de sociólogo e "historiador de costumes". "A sociedade francesa seria o historiador, eu apenas o secretário."

Dostoievski, porém, me dá a impressão de não julgar nunca as próprias personagens e não saber precisamente como hão de portar-se mais tarde. Pois, ao desenvolver sua psicologia, o impulso da criação inconsciente cavava entre as intenções do autor e o determinismo da intriga um verdadeiro hiato de perplexidade. Daí a impressão de vitalidade intensa que nos dão: parece que vivem de uma vida própria, sem cordão umbilical, em todas sentimos a vida latente à espera de manifestações imprevisíveis, não conseguimos de maneira alguma adivinhar qual será sua atitude na página seguinte, o que mantém o interesse em concentração contínua. E o que, por outro lado, corresponde a uma intuição magnífica das virtualidades psicológicas.[9]

A originalidade de Dostoievski assenta nessa intuição dos lados complexos do homem como problema espiritual. Aí estão os seus tipos admiráveis de beberrões e mentirosos. Em Lebedev, em Marmeladov há qualidades virtuais que aparecem às vezes e transfiguram as suas máscaras grotescas. Não pela compreensão amorosa da piedade, como querem alguns intérpretes lacrimejantes, mas pela crueza da sua lucidez, Dostoievski descia ao fundo de todas as misérias

---

[9]Cf. o estudo de Jacques Rivière em *Nouvelle Revue Française*, 1º de fevereiro, 1922. Proust, numa das preciosas páginas de crítica indireta enxertadas no entrecho de *La Prisonière*, esclarece deste modo a impressão de imprevisto na obra de D.: "Dostoievski, au lieu de présenter les choses dans l'ordre logique, c'est-à dire, en commençant par la cause, nous montre d'abord l'effet, l'illusion qui nous frappe... Nous sommes tout étonnés d'apprendre que cet homme sournois est au fond excellent, ou le contraire". Ed. 1924, vol. II, p. 239, 240.

para constatar a teimosia da raiz espiritual nos humilhados e ofendidos. Com instinto infalível, com argúcia genial, construiu um mundo fictício mais duradouro do que os tratados de psicologia, porque, em vez de acumular noções sobre a tautologia de outras noções, apresentou cada caso à luz do seu sentido singular, interior e até certo ponto incomunicável.

.

Qualquer leitor desprevenido, diante da sua complexidade profunda e desnorteante, terá fatalmente a impressão de algo estranho no melhor sentido da palavra, algo inédito e quase informe. Ao reler agora os seus grandes romances, compreendemos tão bem as preocupações de um Vogüé, o trabalho de poda prudente dos primeiros tradutores...

Quando a obra de Dostoievski começou a conquistar o Ocidente europeu, possuía apenas como passaporte o vago prestígio do exotismo, apresentava-se aos leitores curiosos como simples curiosidade literária daquela outra Europa que, apesar da linha divisória pontilhada nos mapas, vai dar nos confins da extrema Ásia. Ainda assim, adaptada e às vezes desfigurada, infiltrou-se na sensibilidade dos novos leitores com a insídia de uma toxina.

Mas já se foi o bom tempo em que Dostoievski precisava passar pelo "visto" de Vogüé para conquistar admiradores. Hoje, numa Europa saturada de literatura exótica, as precauções do visconde, ao agarrar o *Crime e castigo* com luvas de borracha, armado de todos os antissépticos, parecem cômicas. Quarenta anos depois, o russo era um dos romancistas mais lidos no Ocidente, traduções e comentários empilhados poderiam formar toda uma biblioteca especial, verdadeiro monumento de papel impresso. A publicação de documentos biográficos importantes retocou-lhe aos poucos a fisionomia torturada e complexa.[10] O homem transpareceu à sombra do romancista, numa luz intensa de dramaticidade. Conseguimos recompor sua voz própria no meio de tantas vozes romanceadas, medir a percentagem de confidência, tocar no lastro humano que alimentava a ficção do seu mundo turvo, cheio de altos e baixos, varado de estranhas revelações.[11]

E contudo, agora que nos aproximamos do centro vivo da sua personalidade, considerada psicologicamente, sentimos cada vez mais cavar-se o abismo do seu gênio e crescer cada vez mais a sombra desmedida que se projeta para além do seu perfil sempre incompleto, sempre mutilado pelo esquematismo das interpretações. O lado solar é nele apenas uma diminuta zona de luz que torna mais profunda a noite do mistério individual. E afinal, que é Dostoievski senão isso mesmo: a revelação da complexidade terrível que é o nosso mundo interior, tão automatizado e tão pobre aos

---

[10]É irrecusável, com a publicação desses documentos, a importância do fator autobiográfico na interpretação de certas obras de D., principalmente, segundo M. Rozanoff, *O adolescente* e *O jogador*.

[11]Merece especial menção a série de publicações editadas por R. Piper & Co., de München, sobretudo *Die Urgestalt der Brüder Karamazoff, Dostoiewskis Quellen, Entwürfe und Fragmente*, 1928.

olhos da semiconsciência cotidiana, com o seu repertório surrado de idéias, sentimentos e gestos reflexos?

Lendo Dostoievski, descobrimos a riqueza multiforme e às vezes perturbadora do eu. Por que é que nos seduzem tanto as suas personagens, donde provém a aparência de vida vivida e por viver que as aproxima deste mundo dramático da realidade? Não cabe aqui a receita naturalista da verossimilhança. Elas possuem, quase todas, uma vitalidade assombrosa, superorgânica. Queimam as reservas vitais como se conhecessem o segredo de renovar a cada instante as glândulas. Coram, empalidecem, vibram, e sempre se agitam e falam durante páginas e páginas. Passam a cada minuto por todas as mutações da escala emotiva; e não dormem nem comem.

No entretanto, das suas imagens em perpétuo andamento se desprende uma ebriez de vida, uma presença envolvente, quase insuportável de tão "real". Não "existem" através de um desenvolvimento discursivo ou psicológico, estruturado logicamente pelo autor, impõem-se logo a um gesto estranho, a uma palavra inesperada, gesto ou palavra a indicar-nos toda uma profundidade que ainda não suspeitávamos, que não podemos definir e que jamais conheceremos.

Quem se pode gabar de conhecer os becos interiores de um Raskolnikov, de um Stavroguin, de um Karamazov? A aparente nitidez da sua fisionomia será sempre uma transparência relativa que ao mesmo tempo esconde e entremostra o insondável. A sua verdadeira densidade individual começa naquele não sei onde do inconsciente, pois muito antes da psicologia moderna, Dostoievski deslocou para o primeiro plano, como valor psicológico essencial, o outro lado da consciência.

Criou uma perspectiva nova na arte da novela, toda em profundidade, subordinado o interesse dramático à intensidade psicológica. Pouco importa a ação, a trama e o desfecho. Quando Raskolnikov mata a velha, nossa impressão é angustiosa, sem dúvida. Mas quando volta em sonhos ao lugar do crime, e lá está ela, agachada a um canto; ou quando começa a reviver em imaginação o absurdo horror daquele momento e pressente que jamais poderá matar em si mesmo essa imagem, então sim, cresce em nós o desejo exasperado de penetrar no seu mundo interior, de conhecer todos os desvãos dessa alma sombria, e o leitor vai de página em página, atormentado por uma curiosidade insaciável, à procura da explicação integral que nunca vem, pois o próprio fecho do livro ainda será uma frase reticente, aberta sobre os horizontes invisíveis do futuro...

Na figura de Raskolnikov, criação limitada e mais ou menos definida, já se acusa a indeterminação psicológica das personagens da maturidade. Nem ele mesmo — é a nossa impressão imediata — saberá com certeza íntima por que motivo abriu a machado o crânio da velha Alena, apesar de tentar justificar o crime com pretensiosas teorias. Pensando bem, não seria nunca o belo animal sem escrúpulos que age com decisão brutal, simplesmente para afirmar os direitos da ação. Não há nele a "eterna delícia da energia", a energia livre e desencadeada a que se refere Blake.[12] Discute consigo mesmo, tem medo da própria sombra e descobre, enfim, homem que assassinou, o sentido místico do sacrifício.

Mas Dostoievski não nos apresenta apenas um caso de observação clínica, a papeleta número tal, como pretende o doutor Cabanès.[13] Raskolnikov também é o homem com todas as suas virtualidades demoníacas, mais que o simples individualista em revolta contra as obrigações impostas pela sociedade. O mesmo caso humano que ressurge em quase todas as grandes criações do romancista, e com intenção manifesta n'*Os possessos*. Raskolnikov já é Stavroguin, Kirilov, Pedro Stepanovitch.

N'*Os possessos*, aliás, em que se refletem alguns aspectos da Rússia pré-revolucionária, pelo menos em seus primórdios, Dostoievski traça um quadro profético da grande revolução. Fabulizando, chegou quase a prever o destino do seu povo. Há uma fermentação de apetites desencadeados, um tremor de terra no romance. Sente-se vivamente a presença da multidão, além da comparsaria. E, se a figura de Pedro Stepanovitch pode representar o terrorismo incipiente, em seu pai Stepan Trophimovitch há traços bem claros do populismo de 1870, com as ilusões da cruzada ingênua dos "narodniki" e Stavroguin é a nobreza condenada pelo próprio ceticismo.

---

[12] "Energy is Eternal Delight." E logo a seguir, não parece que é o demônio do próprio Raskolnikov quem está falando? "Those who restrain Desire, do so because theirs is weak enough to be restrained; and the restrainer or Reason usurps its place and governs the unwilling." V. ed. Oxford, p. 248.

[13] V. em "La confession de Stavroguine", ed. Plon, 1922, o prefácio de Halpérine-Kaminsky.

Quanto aos perfis de revolucionários, bem sei que não foram fotografados mas caricaturados; bem sei que a intenção de Dostoievski era ridicularizá-los, culminando o ridículo na figura de Chigalev. Porém note-se que o discurso deste, apesar do absurdo tão grotesco das contradições declaradas, sugere ao leitor de hoje certas analogias históricas:

"Depois de dedicar a minha atividade ao estudo das questões sociais, para saber qual o molde da sociedade futura, cheguei à seguinte conclusão — todos os reformadores, desde a antigüidade mais remota até o dia de hoje, foram apenas sonhadores, tolos, espíritos contraditórios, não compreendendo absolutamente nada nem das ciências naturais nem desse animal esquisito chamado "homem". Platão, Rousseau, Fourier são colunas de alumínio; suas teorias talvez sirvam para os pardais, nunca para a sociedade humana. Ora, como é preciso determinar desde já a futura forma social, agora que estamos decididos a uma ação eficiente, proponho o meu próprio sistema. Ei-lo! (Dizendo isto, bateu com o dedo num caderno.)... Devo avisar que não foi terminado (risos). Enredei-me nos meus próprios postulados, e a minha conclusão está em contradição direta com as premissas. Partindo da liberdade ilimitada, cheguei ao despotismo absoluto. Afirmo, porém, que não pode haver outra solução para o problema social".

Esse discurso tem, para o leitor de hoje, um estranho sabor de profecia. A personagem é caricata, o ambiente é cômico, a intenção satírica do contexto me parece evidente, mas não posso reler o capítulo sem uma surpresa incontida diante da antevidência que lhe dá nova significação, mais profunda.

O tom desdenhoso de Chigalev é o tom sensacional dos reformadores sociais, que têm de arrasar para construir e nunca se lembram das suas dívidas de aprendizagem. Marx, por exemplo, que em matéria de economia devia muito à influência de Rodbertus-Jagdetov, Proudhon, Sismondi, William Thompson, como demonstrou Anton Menger, teve o cuidado de tratar esses autores com um desprezo magnífico.

Todo o ambiente d'*Os possessos* acaba dando a impressão nítida de um momento histórico, o momento da "rebelión de las masas", que começou no século XVIII e entrou hoje na sua fase aguda. É a epopéia da instabilidade moral, social e política dos nossos tempos. Impossível deixar de pensar no destino de todas as ideologias libertárias, quando Chigalev diz: "Partindo da liberdade ilimitada, cheguei ao despotismo absoluto..." E quando, mais adiante, o corcunda explica aos correligionários, resumindo-o, o programa do orador, através do sarcasmo sangrento, divisamos a fatalidade política das revoluções; no fundo das suas palavras, há uma interpretação pessimista da organização social que é uma verdade da experiência ainda não superada.

.

A obra de Dostoievski dá-nos por vezes a impressão de um desesperado esforço para exprimir, por meio de situações concretas, todo um mundo metafísico, parece que há uma insistente busca de unidade sistemática na repetição de certos motivos fundamentais. "Sinto-me fraco em filosofia, mas forte é o amor que lhe tenho", confessava a seu amigo Strakhov.

De fato, acontece a cada momento, nessa obra empapada de humanidade, que é ficção de romancista às voltas com problemas imediatos, uma derrapagem brusca para o terreno ideológico, uma espécie de furor filosófico, que transborda dos limites da situação, às vezes sem causa aparente, motivada pela própria lógica do entrecho.

Sem mais nem menos, por força de uma irrupção estranha, qualquer Marmeladov que entra em cena para temperar o drama com algumas palavras e sair pela porta dos fundos, parece possuído de súbito pelo divino furor da sibila e se põe a vociferar o apocalipse dos humilhados e ofendidos... É que em todos eles, heróis ou figurantes, existe em germe o demônio interior do romancista, que os arrasta para a vertigem da abstração desenfreada.

Basta, de outro lado, considerar a importância de alguns episódios, além desses arranques da abstração convulsiva, para sentir vivamente a pressão ideológica na sua obra: *O grande inquisidor* ou o *Sonho de um homem ridículo*, por exemplo, são grandes quadros à margem da ação romanceada, visões grandiosas do seu mundo subjetivo.

Tudo isso encontra boa oportunidade de pesquisa com o aparecimento de uma obra que é, juntamente com *Der Mensch und der Glaube*, de Romano Guardini, a melhor contribuição dos últimos anos para o seu estudo crítico: *Die*

Urgestalt der Brüder Karamazoff, Dostoiewskis Quellen, Entwürfe und Fragmente.[14]

Tornou-se, pois, realidade o voto formulado indiretamente por André Gide nos *Moedeiros falsos*: "... si nous avions le journal de *L'Education Sentimentale*, ou des *Frères Karamazoff*! l'histoire de l'oeuvre, de sa gestation! Mais ce serait passionant... plus intéressant que l'oeuvre elle-même...". Depois de exaustivas pesquisas, que tomaram anos e anos de trabalho ao professor W. Komarovitch, os cadernos de notas, fragmentos e esboços do romance, devidamente interpretados e classificados, aparecem numa edição crítica, antecedido o texto de um estudo de Freud, *Dostoievski e o parricídio*.

São de grande valor as páginas iniciais, "O parricídio e a doutrina de Fiodorov sobre a ressurreição da carne", em que Komarovitch nos revela a forte influência exercida sobre Dostoievski pelos filósofos Fiodorov e Soloviov, chegando o romancista a reconhecer na sua doutrina uma versão sistemática das próprias intuições, desenvolvidas em forma romanceada. A contar de 1870, começa Dostoievski a preocupar-se com a sistematização definitiva de suas tendências religiosas e filosóficas. A autocrítica tantas vezes manifestada sem complacência em cartas confidenciais, até então vol-

---

[14]V. Romano Gradini, *Der Mensch und der Glaube, Versuche über die religiöse Existenz in Dostoiewskijs grossen Romanen*, Leipzig, Verlag Jacob Hegner, 1932, 337 p.; e o. c. edição de R. Piper & Co. München, 1928, 621 p., com documentos apresentados e comentados por W. Komarovitch e introdução de Sigmund Freud. Para o estudo das influências literárias, muito interessante o capítulo VI, intitulado "Dostoievski e George Sand".

tada quase exclusivamente para as fraquezas de forma e os problemas de concepção artística, evolui aos poucos no sentido de uma inquietação metafísica. É então que estreita relações com Wladimir Soloviov, cujo influxo direto e profundo ele mesmo reconheceu. Komarovitch mostra-nos agora a grande influência que sobre o romancista exerceu também a obra de Fiodorov.

No sistema de Fiodorov, impõe-se como princípio fundamental a idéia de unidade múltipla. Ele contrapõe-se ao idealismo filosófico, sobretudo à filosofia de Kant; o seccionamento da razão pura, como da razão prática, parece a Fiodorov uma clamorosa mutilação da integridade do indivíduo, que em todas as circunstâncias permanece como única realidade. Sem vontade, não existe conhecimento, a vontade é, pelo contrário, o próprio conhecimento, seu princípio dinâmico. Fiodorov propõe, em vez da dialética transcendental de Kant, a síntese imanente ou a projetividade, que representa uma confluência da vontade e da razão. As verdades da razão como projeções da vontade, eis a fórmula de Fiodorov; o conhecimento não é nem objetivo nem subjetivo, mas projetivo.

No conceito de unidade múltipla Fiodorov integra a noção de confraternidade humana; o "eu" e o "outrem" deverão fundir-se na afirmativa "nós". O fundamento humano desse princípio está, segundo ele, na idéia de filiação e no sentimento filial, que é a chave da fraternidade real, a do sangue, e da tendência para a confraternidade universal. Do sentimento filial decorrem todos os fundamentos sociais, inclusive o culto dos antepassados, a formação do clã, a ampliação constante da comunidade religiosa. E o representante mais alto dessa tendência é Cristo.

Não será necessário desenvolver este pálido esquema, para imaginar desde logo o vivo interesse que a obra de Fiodorov despertou no romancista sequioso de estrutura filosófica; difusas na sua obra de ficção, reconhecemos as mesmas idéias, ou pelo menos uma analogia que as reproduz num outro plano, o da fantasia criadora.

Nos capítulos seguintes, Komarovitch expõe a mística de Dostoievski à luz de suas relações com os guias espirituais que serviram de modelo ao *staretz* Zossima — Tikhon Zadonski, os abades de Optina Pustini e o monge Parfeni, do monte Atos.

Em "Bizâncio e Roma", capítulo quinto, analisa a atitude de Dostoievski diante do problema religioso moderno, que para ele se resumia na polarização Oriente-Ocidente e na luta entre esses dois mundos, considerada a Rússia o campo da batalha. Entra aqui a estranha concepção que formara do mundo ocidental, como domínio do catolicismo, de um singular catolicismo, simbolizado na figura do Grande Inquisidor, e no qual o seu largo gesto de rejeição e ódio incluía o movimento socialista, a burguesia liberal, o "cemitério das artes e das letras" e todo o complexo organismo da cultura européia.

Numa página admirável de *A cinza do purgatório*, obra densa e resistente, cuja leitura me parece uma conquista em profundidade sob qualquer sentido, o sutil ensaísta Otto Maria Carpeaux, depois de buscar em vão na obra de Dostoievski o melhor ângulo de compreensão para o leitor ocidental, sentindo os caminhos de acesso obstruídos por todos os lados, apega-se a esta frágil esperança: "O que nos separa é muito e muito. Mas não sejamos intransigentes diante dessa face barbada, sulcada pelos sofrimentos. O que nos une é Cristo; e 'tout le rest est littérature'.

Nada mais exato, sem dúvida, mas de outro lado, nada menos concludente para o nosso desejo de aproximação compreensiva. E é o mesmo intérprete que nos indica uma nova pista para novo esforço assimilador: "Quando Dostoievski escrevia um romance, via primeiramente os problemas e depois as personagens. O aspecto dos seus manuscritos, muitos dos quais foram editados em fac-símile, é muito curioso. No começo ele emenda mais do que escreve, e as margens são cheias de figuras, representando catedrais, demônios, anjos, que simbolizam os seus problemas. Depois, a personificação começa; o texto corre mais ligeiro e os desenhos simbólicos se transformam em retratos imaginários; a composição permite estabelecer as preferências do poeta, e esta comparação prova aquilo que a interpretação dos textos deixava prever: as preferências do poeta são para os seus inimigos ideológicos".

Admitir a coexistência de uma força artística e de um pensamento confuso seria arriscar muito, pondera Carpeaux, de si para si. E não obstante, somos levados a admitir em Dostoievski, na própria raiz do seu pensamento, uma perplexidade irreprimível que transborda quase sempre do plano da obra. Como a sua mãezinha Rússia — ousemos a comparação, por mais primária que pareça — todo ele é um poço de contradições e um campo de luta entre as tendências mais desencontradas. Refletem-se as mesmas contradições chocantes na obra dos intérpretes, conforme o aspecto abordado e a preferência dos autores.

Chego mesmo a pensar que há em Dostoievski, de modo consciente, a malícia das contradições declaradas. Seu representante mais alto é o homem subterrâneo; avultando sobre as outras personagens, o homem subterrâneo é aquele mesmo demônio interior que o arrasta para a ebriez da liberdade trágica, uma liberdade ao mesmo tempo criadora e destrutiva — criadora no sentido estético, mas terrivelmente desesperada e destrutiva em seu sentido mais profundo.

O campeão da Rússia ortodoxa, juntamente com os dois grandes profetas do século passado — Nietzsche e Kierkegaard —, é um revolucionário integral. Que importa apontar nesses gênios luciferinos a saudade da paz e desejo de resserenamento das angústias pela subordinação a um credo qualquer, se eles representam a contradição humana elevada a um alto grau de vertigem?

À sombra da estante

OS DEZ MAIORES ROMANCES

Prezado João Condé:

A escolha está feita, por telefone; mas, como acontece quase sempre em tais casos, ao cortar a ligação e as últimas dúvidas daquele momento, passei a telefonar para a central da consciência literária, já um tanto arrependido, e convoquei a livre debate as admirações desclassificadas no concurso.

Acudiram em chusma, como as almas do purgatório, e dizia cada qual: "Ricorditi di me...". Não te esqueças de mim, que admiravas tanto e continuas a louvar em silêncio, na paz das horas gratuitas, quando abres ao acaso o livro em que fixei os meus melhores momentos. Quanta emoção pura me deves, quanto caminho desbravado no conhecimento das paixões humanas e do mistério individual das criaturas! Como foste ingrato e leviano, ao abandonar-me na terra dos esquecidos, sem ao menos um olhar de piedade! Sem o calor da vossa admiração, ó vivos que ora andais na doce luz de maio, ficaríamos para sempre sepultados no limbo do esquecimento...

Nem todos falavam nesse tom, ao mesmo tempo lamentoso e persuasivo. O grande Balzac, por exemplo, revoava e zumbia em torno de mim, como um enorme besouro irritado; era evidente a indignação do monstro, que parecia repetir a si mesmo:

— E a *Comédia humana*, onde fica?

De fato, eu eliminara, com um sopro mental, a *Comédia humana* e Balzac; riscara do mapa dos eleitos um território imenso com todo o seu mundo de personagens; eliminara-os manhosamente, recorrendo a despejo, para acomodar no apartamento confortável Marcel Proust e sua memória. E agora pungia-me o remorso, doía-me a saudade do tio Goriot, de Eugênia Grandet, do imortal Vautrin...

— Que dirá Paulo Rónai, considerava, aborrecido, ele que ainda há pouco demonstrou num estudo consciencioso a importância da obra de Balzac, sua densidade humana, seu valor de permanência, no meio de outras construções mais sedutoras, porém mais frágeis?

Fora apressado, sem dúvida; e para acalmar o monstro, lancei toda a culpa sobre você, prezado Condé, que esperava do outro lado a resposta urgente: quais são os dez maiores romances?

A legião dos deslembrados reclamava. Às vezes eram as próprias criações cheias de vida que advogavam a causa do criador, com eloqüência direta e convincente. David Copperfield apareceu-me, ainda criança, quando cai na estrada, resolvido a procurar a tia, dormindo ao relento, enxotado de todas as casas; passava a galope, na planície coroada de alvos rolos de fumaça, o herói inconsciente da batalha de Waterloo, Fabrício del Dongo; ou então, surgia Lord Jim, o herói fracassado diante de si mesmo, como o vira o próprio

Conrad, que pressentiu sua amargura. Imagens indeléveis acompanham para sempre a fantasia do leitor de romances, chegando muitas vezes a invadir o mundo da realidade, misturados a transeuntes na rua.

Dois autores preteridos mantinham-se arredios, observando o espetáculo: Machado e Stendhal. Machado por simples machadismo, isto é, por não crer em romances; Henry Beyle na tranqüila presunção do seu valor.

Tudo isso, Condé, impõe a autocrítica depois da crítica; impõe a revisão da escolha, ou pelo menos uma lavagem na consciência.

Há, neste mundo vacilante da glória literária, uns dois ou três pedaços de terra firme, onde é possível acertar os relógios; creio que *Dom Quixote* é sol que nasce para todos. Quando muito, algum herege prefere contar-lhe as manchas da cara, em vez de gozar da sua luz.

Vejo outro ponto de encontro em *Guerra e paz*, já não direi para todos; muitos, na obra de Tolstoi, preferem apontar *Anna Karenina*, romance mais sóbrio, de composição mais objetiva. Confesso que me repugnam os enxertos doutrinários de Tolstoi: grande na pureza épica da narrativa e um perfeito energúmeno quando se põe a repuxar as barbas com ares proféticos. Parece mesmo existir uma lei de compensação nesses casos; quanto maior o romancista, o poeta, o criador de mitos literários, tanto menos capaz de doutrinar com equilíbrio. Basta pensar em Balzac, Byron, Flaubert, Dostoievski. Mas Dostoievski ao menos apresenta uma nítida superioridade sobre o rival: nunca abriu parênteses na ficção para doutrinar diretamente, a sério, mesmo quando põe em cena uma personagem representativa de suas propaladas convicções. E que dizer daquele pendor demoníaco em Dostoievski — a simpatia pelos seus inimigos ideológicos?

Venha logo a confissão: *Os irmãos Karamazov* por uma espécie de imperativo da consciência crítica. Meu predileto — e digo em voz baixa, num sussurro abafado pelo medo — é *O espírito subterrâneo*, ainda por cima o da versão Plon, em vez da famosa edição Bossard em três volumes. Por seis mil-réis, em 1923, comprei toda a angústia do mundo moderno; reconheço que é de graça, mas foi um mau negócio para mim. Sendo tudo esse livro, todavia, menos romance, depois de olhar com profunda ternura para *Os possessos*, acabei ancorando nos *Irmãos Karamazov*, embora insatisfeito. Se você não se opõe a um pouco de velhacaria literária, direi em altos brados: *Karamazov*, e a *sotto voce*: *Possessos*...

Dos dois romances mais edificantes que figuram nos compêndios, optei pelo menos encorpado: *I promessi sposi*. Excusado acrescentar que o outro é *Wilhelm Meister*. Ah! como é longo este romance! E pensar que ainda não tive a coragem de o reler com a devida simpatia... Parei, por enquanto, nas *Afinidades eletivas*, que ando a explorar depois do agudo ensaio de Thomas Mann, publicado como posfácio da edição de Paul List: "... der groesste nicht, aber der hoechste der Deutschen". Dos *Noivos*, de Manzoni, para não ser injusto, convém acrescentar que me agradam muito certas paisagens, o episódio da peste, o ambiente histórico. Além disso, é obra que respira pureza, dignidade, elevação. Amado Alonso e Attilio Momigliano escreveram páginas definitivas sobre o Manzoni escrupuloso que é a verdadeira personagem do romance; sombra austera do maior dos autocríticos.

Começo a bater nos peitos, quando penso que, apartando apenas *Tom Jones*, na floresta mágica da ficção inglesa, esqueci a menina Jane Austen, passei por cima de George Elliot, tratei com indiferença Emily Brontë e — *mea maxima culpa* — repeli com leviandade o velho Hardy, o Hardy de *The return of the native*... Assim nos impõe Condé, "às portas do paraíso", um duro regime de pão e água.

Parece-me que *Os Maias* representam muito bem a contribuição da língua portuguesa, pois Machado não consegue integrar-se na família dos genuínos romancistas, falta-lhe humildade, ilusão de criador, paciência de acompanhar as personagens com aquele mínimo indispensável de simpatia, sem o qual tudo se reduz a um jogo subjetivo de análise psicológica, e a poesia da narrativa perde o fôlego, exausta. Bem sei que Machado conseguiu compor mais de um bom romance, mas, ainda sob a magia do melhor dos seus romances, de vez em quando o leitor acorda, para sentir que ele é, sobretudo, um analista empenhado em extrair do "mínimo e escondido" a essência psicológica, o pormenor significativo, o episódio mais importante que a continuidade do entrecho romanesco. Por isso mesmo, achou seu limite ideal de expressão no conto, em que só Tchekov pode emparelhar com ele.

Quanto à literatura alemã, mantenho sem vacilações o *Zauberberg*; com todos os seus defeitos — defeitos que tomam a acepção de qualidades, do ponto de vista representativo — é o único romance alemão a conciliar o interesse romanesco e a gravidade filosófica, o fervor e o pedantismo, a mania germânica da minúcia e das grandes sumas. É o mais pesado e o mais leve dos livros de ficção, o mais irritante e o mais fascinante; imagine você, Condé, para encurtar esta análise confusa, uma nosografia transformada em hino beethoveniano à vitória da vida. Nesse vasto campo da ficção patológica moderna, que estava em germe no *Dom Quixote*, há duas diagnoses magistrais: *Os possessos* e a *Montanha mágica*, a seu modo cada qual refletindo o desequilíbrio do mundo contemporâneo.

Tão compacta e homogênea é a obra de Conrad, que não consegui destacar, no meio da constelação, uma estrela de primeira grandeza: *Lord Jim? The nigger of the Narcissus? Chance? The arrow of gold? Under western eyes?* Sem falar nas novelas, todos me parecem igualmente dignos de representá-lo; repetindo a imagem de Virginia Woolf: "Complete and still, very chaste and very beautiful, they rise in the memory as, on these hot summer nights, in their slow and stately way first one star comes out and then another". Afinal, esse polonês dos sete mares chega a parecer-me às vezes a própria encarnação do romanesco; poderia ele mesmo, em pessoa, Joseph Theodor Konrad Nalecz Korzenioswski, figurar como um dos dez maiores romances deste mundo. Evitaríamos assim a mutilação da sua obra.

E Henry James? perguntam os *happy few* Eugênio Gomes, Evandro Pequeno, Otto Maria Carpeaux, este último já com leve irritação na voz, ao martelar as sílabas do nome sagrado... Confesso humildemente que ainda não cheguei aos altos cimos da cordilheira; sou um simples candidato à iniciação jamesiana; basta-me por enquanto a vertigem das suas novelas, o prodigioso *Jolly corner*, o terrível *Beast in the jungle*, o inqualificável *The pupil*. Consola-me, porém, a felicidade da minha ignorância: não há como a promessa de conquista que pressentimos numa grande obra intacta.

Resta apenas prestar especial homenagem aos humildes romancistas esquecidos, além dos grandes que não foram contemplados na partilha. Quanta revelação importante na sua obra modesta, como aprendemos com eles, sem saber que aprendíamos! Ajudaram-nos a encher o tédio, a matar o tempo, a esquecer os demônios.

Seria talvez interessante verificar quais são os dez maiores romances menores? E os dez, os vinte, os mil e um maiores ou menores da vala-comum...

A forma secreta

UM POUCO DE GARRETT

"Ora isto é conversar — e escrever era outra coisa: pedia solenidade, ademã acadêmico, sintaxe cicerônica, palavras do dicionário... Mas a revolução consumada pelas *Viagens na minha terra* não era apenas lingüística: era uma sublevação levada adentro das muralhas de Diu da nossa literatura em prosa. O ensaio, o jornalismo, a novela, a poesia, as viagens surgiam num só livro, enfeixados por uma prosa ondulante e calculadamente natural..."

VITORINO NEMÉSIO, prefácio à ed. Tavares Martins.

Aos poucos, por mais de um atalho sugestivo da leitura, recomeçamos a viajar com Garrett, não tanto na sua terra, mas principalmente nesse país interior da expressão literária que, embora participe das limitações de espaço e tempo quando visto pelo prisma histórico, vive muito mais em nós através da presença de um estilo.

Um estilo vivo é uma presença permanente, renovação sutil na atenção do leitor; um desafio à lei do embotamento. E o sabor de atualidade e renovo, a ilusão de vida e frescura de um estilo não depende da cronologia, pouco se importa com a atualidade dos temas. Não duvido que alguém prefira ver em Garrett o homem atento à crítica de uma civilização materialona sem estranhas e à fatalidade do pauperismo, aquele Garrett, por exemplo, que vai andando de nariz no ar, todo entregue às nuvens, e de súbito pára e exclama: "Plantai batatas, ó geração de vapor e de pó de pedra, macadamizai estradas, fazei caminhos de ferro, construí passarolas de Ícaro, para andar a qual mais depressa estas horas contadas de uma vida toda material, maçuda e grossa. Reduzi tudo a cifras, todas as considerações deste mundo a equações de interesse corporal, comprai, vendei, agiotai. No fim de tudo isto, o que lucrou a espécie humana? Que há mais umas poucas dúzias de homens ricos. E eu pergunto aos economistas-políticos se já calcularam o número de indivíduos que é forçoso condenar à miséria, ao trabalho desproporcionado, à desmoralização, à infâmia, à ignorância crapulosa... para produzir um rico?".

Aí temos um Garrett de comício. Mas o que lhe atualiza a obra é a fusão oportuna da linguagem familiar com a tradição clássica, o equilíbrio na volubilidade caprichosa, a invenção de braço dado com a autocrítica. Nas *Viagens*, o que nos parece incoerência, na verdade é graça consciente e disciplinada; quando se entrega aos caprichos da fantasia solta, sua faceirice já traçou limites ao impulso e sabe dosar com habilidade calculada os recursos de que dispõe. Aparentemente, um homem viaja na sua terra, a chouto de mula, e trata de conversar fiado para encher o tempo largo; de vez em quando, reata o fio da ingênua história de Joaninha, a dos olhos verdes. Mas a história é outra.

O quarentão de *Frei Luís de Sousa*, de *Folhas caídas* e das *Viagens na minha terra*, por mais enamorado de si mesmo e namorador que ainda fosse, aprendera com a maturidade as cautelas do ofício; escrevia com desvelo nuns cadernos de grande formato, corrigindo muito, cortando sem dó na carne das suas costelas. Os defeitos de composição, que se revelam a olho nu em quase todos os seus trabalhos anteriores — gritantes são eles no *Arco de Sant'Ana* —, desaparecem aqui, ou pelo menos se atenuam e dissimulam, por obra de engenho e arte.

Nas *Viagens*, então, sua obra-prima e a primeira versão da prosa portuguesa moderna em germe no Romantismo, a frouxidão aparente da feitura permitiu-lhe aproximar-se ainda mais da unidade fundamental de tom, apesar dos meandros, rodeios, hiatos, vaivéns do seu roteiro. Como nesse caso o próprio motivo da obra já postulava desembaraço, folga, disponibilidade amável, trabalhou por gosto e não por obrigação de trabalhar, atingindo assim aquela graça e leveza que provém da gratuidade do ato criador, gratuidade sem a qual não há verdadeira obra de arte. Mas a concordância entre temperamento e assunto, motivo e emoção, indispensável à produção feliz da obra literária, também pede mestria e experiência para que não descambe em áurea mediocridade. O jogo das divagações tramadas na tessitura do livro lembra de algum modo as variações musicais que apenas servem de reforço indireto, por descanso e retardamento, a um tema dominante, perdido de caminho só para ser logo além recuperado.

Em termos de história literária, esse tema dominante, nas *Viagens*, poderia definir-se como a aventura do eu romântico, a experimentar suas franquias; prefiro defini-lo, de mim para mim, o tema do eu volúvel, mas consciente da sua volubilidade. A vantagem da minha definição é que ela atende, no plano literário, ao lado ainda clássico de Garrett e, em sentido psicológico, a um traço fundamental deste João Batista da Silva Leitão: a faceirice, isto é, um modo de se dar todo aos impulsos e ousadias do temperamento sem perder a cabeça e com uma coquetice de complacência. Versátil, vário, caprichoso, contraditório, porém sabendo muito bem tirar proveito dessa versatilidade, na obra literária e nos amores.[1]

Toma um trecho de empréstimo a Xavier de Maistre, para servir de epígrafe às *Viagens*, como a insinuar influência ou parentesco, mas, a meu ver, quem saiu lucrando e honrado foi o patrono, indigno aliás de figurar no alto da primeira página. E eis aí mais um bom exemplo da semelhança exterior e superficial entre dois autores, tal como acontece no caso de Machado e Sterne, ou de Machado e Garrett, se quiserem. O que em tais casos importa não é nunca a simples coincidência formal de atitudes, seja ou não produto de um contágio adquirido por influxo de leituras, mas o bom ou mau aproveitamento das sugestões na elaboração da obra. Devemos, além disso, tomar em consideração o que dizia Henri Focillon em *La Vie des Formes*: "À une certaine hauteur, il n'est plus question d'originalité ou

---

[1] V. esta observação de Costa Pimpão, em *Gente Grada*, Atlântica, 1952: "Ele dialoga com o leitor, interpela-o, escuta-o, alterca com ele, transige, monologa em voz alta, suspende-se, interroga-se, increpa, ironiza; enfim, transporta para uma obra requintadamente artística o tom desafetado e chão do cavaco em família".

d'imitation, mais de familles d'esprit qui, par delà le temps, se retrouvent sur la même route".

Aproveitando uma sugestão de Schuchardt, direi que em todo estilo vivo há duas faces complementares, onde se refletem dois aspectos essenciais do espírito que o anima: há diálogo e monólogo, o lado objetivo e o lado subjetivo do problema. No diálogo do estilo, que representa a vida de relação do autor, ao criar seu veículo expressivo, cabem todos os aspectos ponderáveis de transmissão da linguagem literária e composição da obra: influências, assimilação dos modelos, as reações do artífice e seu aprendizado técnico; na outra face, todavia, começa o lado peculiar e interior do estilo, o seu monólogo, isto é, ouve-se o timbre que o singulariza e o contrapõe, como um "eu" definido em sua essência, a todos os outros "eus". De fato, o esforço inconsciente do criador tende para assimilar tudo em expressão monologada, em solilóquio inevitável e contraditório, pois a criação literária, por definição, é diálogo entre autor e leitor.

A parte dialogada, no Garrett das *Viagens*, parece *absorver* tudo, assumindo mesmo esse livro um caráter coloquial de conversação deliberada; volta-se a todo instante para os leitores, principalmente para as leitoras, com as quais entra logo a "flertar", a propósito da história de Joaninha.

Vai de pretexto em pretexto, borboleteando. Estilo, ao primeiro relance, todo feito de faceirice e desejo de agradar; estilo em que sentimos, sem desfazer nas qualidades inegáveis, um ressaibo de presunção. E neste ponto, em que muito se aproxima de Sterne e de outros modelos, inclusive o superficial Xavier de Maistre, é que ele mais se afasta do nosso amargo e profundo Machado de Assis.

Mesmo nessa obra tão dialogada, não obstante, tão propensa a uma atitude coloquial e extrovertida, perdura a presença do artista, que é o homem interior, cioso do seu monólogo, sem o qual não pode haver poesia e unidade expressiva. Aí se afirma justamente a qualidade extraordinária das *Viagens na minha terra*: o problema era transformar tanta matéria diversa em unidade harmoniosa, aproveitar os próprios defeitos da sua volubilidade como virtudes de um estilo, em rigorosa composição — da impureza extrair um efeito de pureza. A sua obra de aparência mais porosa e dispersiva é a mais una e singular, a mais reconcentrada e duradoura; por isso mesmo, a mais atual.

Aproxima-se esta impressão da impressão que ele mesmo experimentou, ao chegar à Praça da Fora-de-Vila, em Santarém: "Fora-de-Vila é um vasto largo, irregular e caprichoso como poema romântico... Palácios, conventos, igrejas ocupam gravemente e tristemente os seus antigos lugares, enfileirados sem ordem aos lados daquela imensa praça em que a vista dos olhos não acha simetria alguma; mas sente-se n'alma. É como o ritmo e medição dos grandes versos bíblicos, que se não cadenciam por pés nem por sílabas, mas caem certos no espírito e na *audição interior* com uma regularidade admirável".

Assim também descobre o leitor, na aparência irregular dessa viagem de Garrett à roda de si mesmo, por força de uma intuição que não engana, uma *regularidade admirável*. Mistura de todos os tons, o oratório, o satírico, o lírico, o descritivo (e já impressionista), o faceto, o romanesco, o não sei mais que diga, reportagem muitas vezes, novela por descuido e aos pedaços, um pouco de tudo e nada — mas toda aquela variedade se ajusta a um ritmo e acerta o passo na *audição interior*. O que isto representa para a prosa portuguesa moderna é fácil de imaginar, mas é sobretudo convite a uma análise estilística aprofundada, mais ou menos o que o professor Ernesto Guerra da Cal acaba de fazer com a obra de Eça de Queirós.[2] Embora reconheça a contribuição de Garrett, parece-me que ele restringe demasiado os limites de sua ação inovadora, ao observar: "Pero en el fondo, Garrett, a pesar de su aparente audacia, sigue respetuosamente agarrado a la base retórica de la lengua heredada". Penso que um estudo menos incompleto das *Viagens* mostraria que foi ele mais que um precursor ainda vacilante, ou mesmo, tímido, como dá a entender Guerra da Cal.[3]

---

[2] *Lengua y estilo de Eça de Queirós*, Universidade de Coimbra, 1954.

[3] Para começo de amostra, recorrendo a apontamentos de um caderno rotulado G., passarei a transcrever e comentar algumas observações ligadas ao caso.

Adjetivos. Viagens, cap. VI: "Deitou-me a *tremenda luneta*". Neste exemplo, já aparece o processo tão sovado por Eça de Queirós, isto é, uma variação da enálage do adjetivo: em vez de o qualificativo obedecer a uma correlação obrigatória com o sujeito — ele, o *tremendo* Marquês de Pombal, deitou-me a luneta —, deslocou-se e foi atribuído ao complemento objetivo ou de cousa: ele, o Marquês de Pombal, deitou-me a tremenda luneta. Não foi portanto Eça que inaugurou este rasgo idiomático, na prosa portuguesa, como afirma o professor Guerra da Cal. (V. o. c., p. 115, nota.

Viagens, cap. XIII: "O barão é, pois, usurariamente revolucionário e revolucionariamente usurário. Por isso é zebrado de riscas monárquico-democráticas por todo o pêlo". Eis aí um doce para qualquer jornalista cioso das bicadas de sua pena. Melhor, ninguém dirá hoje em dia, nem com mais oportuno sarcasmo, em fase de corrida eleitoral e demagógica, e certamente não cheira a retórica esta frase. Veja-se o vaivém de troca-troca entre advérbio e adjetivo, verdadeira tripa polissilábica, distendida num jogo tão engraçado de assonâncias: *usurariamente revolucionário e revolucionariamente usurário*... E o vigor daquele magnífico *zebrado*, adjetivo-imagem, capaz de meter inveja ao próprio Eça! Repare-se no preto e branco das riscas *monárquico-democráticas*...

Ponha-se tento agora nos efeitos de macaquice desta caricatura, em que ele arremeda as denguices femininas: "Há umas certas boquinhas gravezinhas e esprimidinhas pela doutorice que são a mais aborrecidinha coisa e a mais pequinha que Deus permite fazer às suas criaturas fêmeas". Depois daquela cadeia de adjetivos diminutivos, que obrigam o leitor a encanudar o lábio, num mimetismo contagioso, como se avigora a força expressiva do adjetivo final: *fêmeas*, que parece um apelo ao bom senso, à consciência do ridículo! Encerra a frase com uma pesada carga de contraste.

Escolho ainda outro exemplo de adjetivação que é uma pura *garretice*. Lá está na famosa descrição de Joaninha, que aliás começa rastejando na mais deslambida banalidade, mas logo a seguir se apruma, se encrespa de notas inéditas, até desembocar naquele extraordinário trecho dos olhos. *Viagens*, cap. XII: "Os olhos porém — singular capricho da natureza, que no meio de toda esta harmonia quis lançar uma nota de admirável discordância! Como poderoso e ousado *maestro* que, no meio das frases mais clássicas e reduzidas da sua composição, atira de repente com um som agudo e estrídulo que ninguém espera e que parece lançar a anarquia no meio do ritmo musical... os diletantes arrepiam-se, os professores benzem-se; mas aqueles cujos ouvidos lhes levam ao coração a música, e não à cabeça, esses estremecem de admiração e entusiasmo... Os olhos de Joaninha eram verdes... não daquele verde descorado e traidor da raça felina, não daquele verde mau e destingido que não é senão azul imperfeito, não! eram verdes-verdes..." *Verdes-verdes*, verdes de verdade, e acabou-se. Pouco importa que Theodor Heinermann, apoiado agora na moderna oftalmologia, e retomando o velhíssimo debate da confusão entre *vair* e *vert*, como informa o professor Harri Meier, em seus *Ensaios de filologia românica*, venha provar que não há olhos perfeitamente verdes.

Para terminar, um exemplo de emprego inusitado do verbo, no capítulo XIII. Num dos seus momentos de exaltação patriótica, cedendo a palavra ao parlamentar que se agitava dentro dele (Onde estão as academias? Que palavra poderosa retine nos púlpitos? Onde está a força da tribuna?), Garrett de súbito sofreia a eloqüência para dizer: "Se excetuarmos o débil clamor da imprensa liberal já meio esganada da polícia, não se ouve no vasto silêncio deste ermo senão a voz dos barões gritando contos de réis". *Gritando contos de réis!* Este intransitivo que no uso transitivo exige sempre dois pontos e a citação direta, e quando muito pode substituir o verbo *reclamar* (gritar vingança), atirado assim daquele modo à cara dos barões que compram votos e do leitor desprevenido, revela pulso do escritor, audácia de síntese expressiva: saltando por cima das idéias intermediárias, desprezando o encadeamento discursivo da oração, em quatro palavras Garrett concentra um mundo de sarcasmo indignado. Gritar aqui é proclamar, estadear, ostentar a bolsa e a pança cheia, insultar a miséria dos humildes.

Preto & branco

UNS OLHOS VERDES-VERDES

Veja, leitor, estamos no capítulo XII das *Viagens* de Garrett. Sem marcador improvisado ou *signet* de luxo, o volume abriu-se por si mesmo, como um fruto rachado, de tão maduro. É a descrição de Joaninha. Começa rastejando na mais deslambida banalidade. Como a pedir desculpas ao leitor, Garrett explica: "Joaninha não era bela, talvez nem galante sequer no sentido popular e expressivo que a palavra tem em português, mas era o tipo da gentileza, o ideal da espiritualidade". Não podia ser menos original o primeiro traço, mais dessorada a frase. Quando falha a expressão, recorremos sempre a esse recuo diante das dificuldades, que nos leva a dizer vagamente: é o tipo disto ou daquilo... Cômoda solução para os apertos do qualificativo matizado e justo. É como se o autor dissesse, lavando as mãos: trate de imaginar o adjetivo com seus próprios recursos de léxico, a gentileza é gentil e acabou-se...

Mas cuidado, leitor incauto: nas *Viagens*, Garrett explora a comédia das descaídas, cultiva os desfalecimentos da prosa mal acabada, numa reação muito oportuna contra os períodos fradescos e redondos da prosa portuguesa até então considerada clássica. Ele entorta a pauta por cálculo, escreve com a mão canhota, para extrair efeitos imprevistos. Depois de um rigor extremo, na construção oracional, deliciosa é a poesia do anacoluto, o desalinho uma graça do ocaso... Graves críticos mordem ingenuamente no anzol, caem na cilada, apontam com dedo cabeludo o que lhes parece desleixo, versatilidade, estrangeirice, ou simples caprichos de escritor estragado pelo mimo. Não há quem não denuncie o exagero das digressões e a praga de galicismos e anglicismos. Tudo isso, porém — abuso de síncopas digressivas, ostentação de influências estrangeiras, arremedo de um bate-papo desabotoado no discurso — era um modo malicioso de conquistar franquias, abrindo caminho a novas experiências literárias.

Não se iluda, portanto, o bom leitor: este homem do famoso estojo de *toilette* que tanto intrigava o austero Herculano, dispõe de muitas manhas como Pedro Malasartes. Daí a nada, na descrição de Joaninha, começa a melhorar a frase, a encrespar-se de notas inéditas com o seguinte traço, em que propõe a correlação sugestiva entre esbeltez e estatura: "Poucas mulheres são muito mais baixas, e ela parecia alta: tão delicada, tão *élancée* era a forma airosa do seu corpo". Vem a seguir um paralelo entre a mulher nórdica e a latina, em que transparece a melhor experiência do Garrett namorador e entendedor destas coisas: "E não era o garbo teso e aprumado da perpendicular *miss* inglesa que parece fundida de uma só peça; não, mas flexível e ondulante como a hástea jovem da árvore que é direita mas dobradiça, forte da vida de toda a seiva com que nasceu, e tenra que a estala qualquer vento forte". Tudo é estrutural no período e sugere uma perfeita proporção. O corpo de Joaninha, o porte, o andar de Joaninha correspondem a uma lei de harmonia e equilíbrio. Por ser baixa mas bem proporcionada, parece alta, sem participar da rigidez das louras *misses* que andam quase sempre eretas e não aprendem a pisar com leveza. A sugestão de vigor está concentrada naquele verdadeiro trímetro: "forte da vida de toda a seiva com que nasceu", mas ao mesmo tempo se atenua a têmpera com a imagem da "hástea jovem da árvore que é direita, mas dobradiça" e tão tenra, que verga logo e estala a qualquer vento forte.

Depois da estrutura, que é desenho, vem a sugestão da cor; e então Garrett se põe a encher a tela com o deleitamento de um colorista apaixonado, embora de paleta sóbria, pois escolhe o branco, o rosa, o preto e o castanho para dar mais vida ao verde dos olhos. Estabelece finas distinções de branco a branco: "Era branca, mas não desse branco importuno das loiras, nem do branco terso, duro, marmóreo das ruivas — sim daquela modesta alvura da cera que se ilumina de um pálido reflexo de rosa de Bengala". Para deixar bem claro o delicado matiz que há neste reflexo de rubor, acrescenta: "E doutras rosas, destas rosas-rosas que denunciam toda a franqueza de um sangue que passa livre pelo coração e corre à sua vontade por artérias em que os nervos não dominam, dessas não as havia naquele rosto".

O prof. José Pereira Tavares, organizador, prefaciador e anotador da edição das *Viagens* na Coleção de Clássicos Sá da Costa (Lisboa, 1954), não soube interpretar um dos rasgos mais originais da descrição de Joaninha e traiu com uma vírgula descabida a intenção do autor, que era formar sintagma, escrevendo: "rosas-rosas", com hífen, assim como dirá logo adiante, com hífen igualmente: "verdesverdes", referindo-se aos olhos. Veja-se, para corrigenda, a frase referida, na leitura do prof. Tavares: "E doutras rosas, destas rosas, (vírgula) rosas que denunciam toda a franqueza de um sangue que passa livre pelo coração... etc.". Todo o efeito original assim ficou perdido e deformado para o leitor. Garrett queria dizer: estas "rosas-rosas", isto é, rosas que são integralmente rosas, rosas na verdadeira acepção do termo, rosas-rosas. Obedecia decerto a uma tendência para transformar um simples epíteto circunstancial (rosa perfeita) em epíteto natural (*rosa-rosa,* a rosa que é de fato rosa, ou *céu-céu,* um céu de verdade, um céu imenso). De qualquer modo, esta "rosa-rosa" e aquele "verde-verde" são dois autênticos traços estatísticos, duas *garretices,* e o prof. José Pereira Tavares poderá verificar que o indispensável hífen aparece na quinta edição da Imprensa Nacional (1870), na edição das obras completas, preparada por Teófilo Braga (1904), e na bela edição Tavares Martins, revista por Vitorino Nemésio (1946).

Ponha-se tento agora nos efeitos de macaquice desta caricatura, em que ele arremeda as denguices femininas, as "doutorices" femininas, em contraste com a expressão grave e singela que respira o lábio da sua Joaninha: "Há umas certas boquinhas gravezinhas e espremidinhas pela doutorice que são a mais aborrecidinha coisa e a mais pequinha que

Deus permite fazer às suas criaturas fêmeas". Depois daquela cadeia de adjetivos diminutivos, que obrigam o leitor a encanudar o lábio, num mimetismo contagioso, como pesa a força expressiva do adjetivo final: *fêmeas*! Parece um apelo ao bom senso, à consciência do ridículo, e encerra a frase com uma pesada carga de contraste.

Segue-se página e meia dedicada aos cabelos, com as habituais digressões de entendido e farejador de toucadores. A primeira e a mais bela das artes, diz ele, é a *toilette*; e aqui logo reconhecemos o precursor do Jacinto de Eça, o dono do complicado estojo a que se refere Herculano. Mas que diria João Batista, o ingênuo, ao ver um moderno salão de cabeleireiro, todas aquelas ninfas estudando a solução técnica do permanente ideal, cabeça metida no secador? Longe vai a idade do ferro quente e do carrapito...

Chega assim finalmente o retratista aos olhos de Joaninha. Começa pela adversativa: "Os olhos, porém...". Corta o fio do discurso, abre um longo parêntese, dez linhas em que prepara o espírito do leitor para o imprevisto da revelação, talvez recebida com desagrado, interpretada como discordância: "Singular capricho da natureza, que no meio de toda esta harmonia quis lançar uma nota de admirável discordância!". E aproveitando a sugestão musical: "Como poderoso e ousado *maestro* que no meio das frases mais clássicas e deduzidas da sua composição, atira de repente com um som agudo e estrídulo que ninguém espera... os diletantes arrepiam-se, os professores benzem-se, mas aqueles cujos ouvidos lhes levam ao coração a música, e não à cabeça, esses estremecem de admiração e entusiasmo...".

Só então retoma o fio do discurso: "Os olhos de Joaninha eram verdes...". Mais um exemplo da singularidade que se atribuía aos olhos verdes, desde a Renascença. Como observa Theodor Heinermann, em resumo do prof. Harri Meier, as literaturas romântica e pós-romântica aplicam a designação de olhos verdes quando pretendem sugerir uma impressão de algo mágico ou exótico: a enigmática expressão dos olhos claros, de uma cor indefinida, nem cinza, nem azul, nem verde. Que afinal, segundo as pesquisas da moderna oftalmologia, olhos verdes de verdade é coisa que não existe; só tem sido possível registrar um vago esverdeado, irregularmente distribuído pela superfície da íris. Recomeça, pois, de outro modo o velhíssimo debate da confusão entre *vair e vert*.

Garrett, como a pressentir tais objeções, vai corajosamente ao encontro da crítica, prepara as melhores tintas da sua paleta e pinta de verde os olhos de Joaninha, pinta-os de verde-verde, sem quaisquer considerações de cromatismo impressionista: "Os olhos de Joaninha eram verdes... não daquele verde descorado e traidor da raça felina, não daquele verde mau e destingido que não é senão azul imperfeito, não! Eram verdes-verdes, puros e brilhantes como esmeraldas do mais subido quilate".

Se a história de Joaninha é um descosido retalho de romance à pior moda romântica, o "retrato de Joaninha" e sua moldura, a "janela de Joaninha", participam de outra dimensão poética, onde não sei que alento de verdade ajuda o leitor a aceitar as cousas como vividas e sofridas. Tão viva é a sua presença de retrato, de cousa recortada no tempo e preservada em moldura, que a absurda intriga romanesca logo se apaga na memória do leitor, para só ficar aquela imagem de um momento: a sugestão visual.

Debruçada a uma janela a cavaleiro do tempo, Joaninha fita no leitor que passa uns olhos verdes-verdes...

A chave e a máscara

TRÊS NAVIOS NEGREIROS

Quase todos os críticos e anotadores de Heine apontam, como fonte provável do seu poema "Das Sklavenshiff" ("O navio negreiro"), um poema de Béranger intitulado: "Les nègres et les marionettes". E, em nossa tradição crítica, o poema de Heine tem sido apontado mais de uma vez como fonte do "Navio negreiro", de Castro Alves. Agora mesmo, em artigo recente, Fausto Cunha observa: "Acresce que a inspiração do 'Navio negreiro' não veio do tráfico, e sim do poema de Heine, divulgado em tradução francesa. A fonte heiniana é tão óbvia, que me dispensa de comentá-la".

Não será ocioso tentar o cotejo dos três poemas, do ângulo das coincidências temáticas e do seu tratamento poético, para verificar semelhanças e divergências mais expressivas. É muito comum a confusão entre "fonte" e "influência", entre simples semelhança e dependência direta. A "cultura literária" está cheia dessas vagas suposições de leitores apressados, ou de críticos empenhados em revelar uma erudição inoportuna. Deste último vezo, o melhor exemplo entre nós é a tediosa enumeração de "passagens paralelas" no livro de Agripino Grieco sobre Machado de Assis. Claudio Basto no seu estudo *Foi Eça de Queirós um plagiador?* (Porto, ed. Maranus, 1924), depois do paciente confronto de "passagens paralelas", em duas colunas, entre alguns textos de Renan e Flaubert e textos de Eça, dizia, numa discriminação que vem ao nosso propósito: "Não é todavia nesses subsídios que alguém pode ver plágios, nem sequer influências — mas fontes, que é coisa muitíssimo diversa. Seria possível a criação literária sem o intercurso das fontes, onde todos vamos beber, ou já bebemos algum dia? Pela nossa voz também falam as vozes dos mortos, renegados ou esquecidos, para que não morra a ilusão da originalidade. De qualquer modo, é bom lembrar que 'fonte', no sentido restrito e literário, não envolve senão uma idéia de 'sugestão', 'subsídio', 'informação', 'estímulo' não implicando necessariamente idéias de 'influência'".

"Les nègres et les marionettes", que traz a indicação em subtítulo *Fable*, é uma cantiga bem na feição de Béranger, lépida, vivaz, espirituosa, com anotação de ária para o canto. São apenas cinco oitavas em octossílabos, com um verso-refrão no fim de cada estrofe: "Bons esclaves, amusez-vous". Um capitão do navio negreiro, impressionado com a perda de escravos na travessia, resolve montar a bordo um teatro de marionetes, para distraí-los. As aventuras de Polichinelo, do comissário, do rei dos corcundas provocam o esquecimento e o riso. Já não sentem o peso dos grilhões, os pobres cativos. E, quando aparece o Diabo, preto retinto, dando voz de prisão a Polichinelo, está assegurado o grande sucesso do espetáculo: o herói do teatrinho é um negro, como eles. Na última estrofe, manifesta-se a intenção de crítica social. Numa transformação de sentido, mostra Béranger que os reis, quando ameaçados no seu poder, tratam de distrair o povo com brinquedos. E os escravos somos todos nós:

> N'allez pas vous lasser de vivre:
> Bons esclaves, amusez-vous.

Se Heine realmente bebeu nessa fonte, penso que foi como simples sugestão inicial e primeiro impulso. O espetáculo de marionetes, remédio contra o banzo e a perda de peças (*quelle débouche!* exclama o capitão), sugeriu-lhe a solução da dança higiênica e obrigatória. Mas é difícil descobrir outras afinidades entre os dois poemas, tão diverso é o tratamento literário, a visão poética, a tônica dominante. Objetivo, implacável na sua aspereza realista, sem a menor concessão à retórica do abolicionismo, ou mesmo a qualquer desfalecimento sentimental, "o poema de Heine" pertence ao ciclo "Gedichte, 1853-1854", publicado no primeiro volume dos *Vermischten Schriften* (Hamburg, Hoffmann und Campe, 1954, p. 123-214). Reflete aquela tonalidade original — "ein ganz neuer Ton", dizia ele mesmo — que viria a caracterizar a série denominada pela crítica heiniana: "Matratzen-lyric", isto é, a "lírica de colchão", quando o poeta martirizado pela doença e imobilizado no leito, queimava as últimas reservas de gênio, sarcasmo e graça. A tradução francesa de Saint-René Taillandier, feita em cima das provas tipográficas, saiu quase ao mesmo tempo na *Revue des Deux Mondes* de novembro de 1854 (v. p. 542 e sgs.). A versão em prosa acompanha com fidelidade o texto e vem precedida de uma nota do tradutor, em que se refere aos sofrimentos do poeta, apesar de tudo ainda em pleno vigor da imaginação criadora.

Resumindo o conteúdo: Mynher van Kock, o sobrecarga do navio, impressionado com a perda de sua mercadoria mais valiosa, os escravos consignados à firma Gonçalves Pereira, do Rio de Janeiro, convoca a opinião de Van der Smissen, cirurgião de bordo. Esclarece o doutor: em média, morriam só dois por dia, carga jogada ao mar depois de um prudente exame, pois o negro se finge de morto, na desvairada esperança de fugir a nado. Mas agora, os tubarões vão banquetear-se, com o aumento crescente de letalidade. O alarmo van Kock lhe corta o relato em meio, perguntando como remediar-se a perda, combatendo a causa das mortes.

> Responde o doutor: Natural
> É a causa; os negros encerrados,
> A cantiga, a inhaca, o bodum
> Deixam os ares empestados.
>
> Muitos, além disso, definham
> De banzo e de melancolia;
> São males que talvez se curem
> Com música, dança e folia.

As Mynher van Kock parece genial a receita e exclama, entusiamado:

> Música! Música! A negrada
> Suba logo para o convés!
> Por gosto ou ao som da chibata,
> Batucará no bate-pés!

No poema de Heine, a dança dos negros não é uma cena acessória, como em Castro Alves, mas um lance fundamental. Os escravos dançam para não morrer e não dar maior prejuízo a van Kock. É, no fundo, uma viva ilustração das críticas marxistas à alienação burguesa e às contradições internas do capitalismo, tais como as entendia o poeta. E o fecho terrível do poema, a fervorosa oração de van Kock, parece mais impressionante, como poesia combativa, do que todas as deblaterações da propaganda abolicionista. Encostado ao mastro do traquete, van Kock implora a divina assistência:

> Meu Deus, conserva os meus negros.
> Poupa-lhes a vida, sem mais!
> Pecaram, Senhor, mas considera
> Que afinal não passam de animais.

> Poupa-lhes a vida, pensa no teu Filho,
> Ele por todos nós sacrificou-se!
> Pois, se não me sobrarem trezentas peças,
> Meu rico negocinho acabou-se.

As cousas falam por si mesmas, sem interferência aparente do autor, que se mantém, por assim dizer, na atitude passiva de um leitor qualquer, ou como espectador interessado no espetáculo. A primeira parte — as 21 quadras iniciais — é tratada com a técnica de um novelista; o autor deixa falar Mynher van Kock pelo monólogo interior e, a seguir, desenvolve um diálogo, travado entre o sobrecarga e o cirurgião. Não há vestígio algum de comentário subjetivo. Só na segunda parte — quatorze quadras — parece mais próxima a presença do poeta. Nas duas primeiras quadras, ressurge o Heine do *Intermezzo*, o namorado das estrelas, e o tom é o mesmo levíssimo arpejo que desafia os melhores tradutores e só a interpretação musical consegue reproduzir:

> O céu estrelado é mais nítido
> Lá na translucidez da altura.
> Há um espreitar de olhos curiosos
> Em cada estrela que fulgura.

> Elas vieram ver de mais perto
> No mar alto, de quando em quando,
> O fosforear das ardentias.
> Quebra a onda, em marulho brando.

Bastam a Heine essas duas quadras, para contraste poético: a imensidão sideral picada de astros, o silêncio cósmico em contraposição ao triste espetáculo da agitação humana.

Em Castro Alves, há vestígios dessa paisagem oceânica nas quadras iniciais do "Navio negreiro". São, aliás, os únicos pontos de encontro que podemos descobrir entre dois poemas tão desencontrados: a dança dos negros e a grandiosa majestade do cenário atlântico.

No poema de Castro Alves, o orador popular, o agitador de praça pública estão sempre em evidência, e, desde as primeiras estrofes, pressentimos o seu gesto arrebatado, a sua voz de comício. Apostrofando o céu, o mar, os marinheiros, o albatroz, o barco, meio mundo, ele se afasta por completo de qualquer objetividade, e parece que apenas quer ouvir a sua própria voz, inebriar-se da sua generosa indignação. Não há transição alguma da parte introdutória, em que o discurso todo ele se desenvolve no presente, ("Estamos em pleno mar...") para o fragmento quarto, assinalado pelo imperfeito ("Era um sonho dantesco"). Nesse quarto fragmento, não sabemos que dança poderá ser aquela, não percebemos qualquer motivação que esclareça ou venha sugerir ao leitor uma razão para aquele saracoteio fantástico. Castro Alves, que leu o poema de Heine, sabe que a dança é uma receita do médico de bordo, uma solução higiênica, prática, brutal, para combater a letalidade. Mas o leitor desprevenido, que nunca ouviu falar no "Navio negreiro" de Heine, fica a ver não sei que visagens. A crueldade, o absurdo daquele batuque forçado parecem-lhe inteiramente arbitrários. É claro que o episódio coreográfico introduzido gratuitamente no poema sem motivo aparente é a melhor comprovação de que o nosso poeta não desconhecia o poema de Heine, vertido em francês. Não soube aproveitar do lance, todavia, senão o aspecto superficial, de visão trágica, para o seu jogo plástico de contrastes hugoanos. Castro Alves, que acreditava na inspiração romântica e no improviso da oratória, gastou-se logo por não saber poupar as forças. Eterno adolescente, jamais atingiu a maturidade poética. A eloqüência foi o anjo mau deste poeta, vigoroso, mas impuro, a oscilar entre o melhor e o pior, quase sempre tentando acabar a estrofe, encher o esquema rítmico do verso com a ênfase do gesto e da voz.

Em resumo, o cotejo dos "três navios negreiros" vem mostrar que o mesmo tema comporta variações que podem chegar ao contraste. A "fonte" sugere as cousas mais diversas, conforme o temperamento e a singularidade da visão poética. Parece que a intenção de Béranger não era propriamente desenvolver o tema do navio negreiro, mas aproveitar uma variante pitoresca da sua famosa canção "Les marionettes". A moralidade da fábula, com translação de sentido, citada acima, repete a rigor o mesmo refrão da outra cantiga, embora com menos graça (v. *Chansons morales et autres* por M.P.J. de Béranger, Paris, Librairie d'Alexis Eymery, s.d., p. 190).

Heine tratou do tema com uma objetividade realista que não se observa nos outros. Para ele, a questão do escravo integrava-se na questão das relações de classe e da estrutura econômica do capitalismo. Já num escrito de 1832, coligido em *Französische Zustände*, ao criticar o liberalismo inócuo de certos círculos da nobreza alemã, representados no caso pelo conde Moltke, dizia o poeta: "O conde Moltke certamente considera a escravidão o grande escândalo da nossa época e uma aberrante monstruosidade. Mas, na opinião de Myn Heer van der Null, traficante de Rotterdam, o comércio de escravos é uma atividade natural e justificada: o que, pelo contrário, lhe parece desumano e monstruoso são os privilégios da aristocracia, os títulos e bens de herança, o absurdo preconceito da nobreza do sangue". (V. *Heinrich Heines Sämtliche Werke*, Insel-Velag, Leipzig, 1912, vol. 6, p. 249.) Quando se abeirou do tema, portanto, já possuía um lastro de conhecimento crítico e uma concepção pessoal bem fundamentada. Viu-o em profundidade, e não na simples aparência pitoresca ou trágica.

O "Navio negreiro", de Castro Alves, decompõe-se em imagens vívidas, objurgações, interpelações, rasgos de eloqüência. Como é de bom aviso no caso de todas as peças oratórias, não convém aprofundar muito a sua análise. Aos pedaços, isoladamente, esses momentos impressionam pelo estro, pelo vigor, pela vibração intensa. Mas, de quando em quando, sentimos que falta uma composição mais rigorosa entre os seus fragmentos. A unidade não é estrutural, depende do tom oratório e da ênfase do intérprete. É um convite à recitação gesticulada, em voz alta, e o intérprete, queira ou não queira, será obrigado a acomodar a leitura ao discurso, mais orador que leitor.

"Como libelo", observa em seu ensaio Fausto Cunha, "é uma peça de comunicação formidável. Mais orador que poeta, ele sabia construir suas objurgatórias a partir dos ensinamentos da arte oratória, que era estudada naqueles tempos como matéria regular. Esses dois poemas, 'Vozes' e o 'Navio', são construídos como 'discursos' para mover os afetos patéticos, dentro dos preceitos retóricos da época".

Os pêssegos verdes

O HOMEM SUBTERRÂNEO

Quase toda a obra de Machado de Assis é um pretexto para o improviso de borboleteios maliciosos, digressões e parênteses felizes... Fez do seu capricho uma regra de composição... E neste ponto se aproxima realmente da "forma livre de um Sterne ou de um Xavier de Maistre". Mas a analogia é formal, não passa da superfície sensível para o fundo permanente. A vivacidade de Sterne é uma espontaneidade orgânica, necessária, a do homem volúvel que atravessa os minutos num fregolismo vivo de atitudes, gozando o prazer de sentir-se disponível. Sterne é um "molto vivace" da dissolução psicológica.[1]

Em Machado, a aparência de movimento, a pirueta e o malabarismo são disfarces que mal conseguem dissimular uma profunda gravidade — deveria dizer: uma terrível estabilidade. Toda a sua trepidação acaba marcando passo.

---

[1] "But if it were possible for Sterne to correct his manners, it was impossible for him to correct his style. That had become as much a part of himself as his large nose or his brilliant eyes." Virginia Woolf, *The common reader*: second series. Hogarth Press, Londres, 1932.

E se o movimento é vida e a inércia, morte, podemos dizer que há nele uma letargia indefinível, a sonolência do homem trancado em si mesmo, espectador de si mesmo, incapaz de reagir contra o espetáculo da sua vontade paralisada, gozando até com lucidez a própria agonia.

"Grande lascivo, espera-te a voluptuosidade do nada." Estas palavras de Pandora, no famoso "Delírio", têm um valor confidencial. Um crítico inteligente, Múcio Leão, observou que Machado de Assis se delicia em ser incompreendido.[2] Mas na obra dele os momentos reveladores se repetem como um *leitmotiv* pessoal e mostram a fisionomia íntima sob a transparência das caretas. Por mais que ponha nas palavras uma graça incomparável, cheia de perfídias finas e de pulos imprevistos, não sabe disfarçar o pirronismo niilista que forma a raiz do seu pensamento. Com as diversas máscaras superpostas desse voluptuoso da acrobacia humorística, podemos compor uma cara sombria — a cara de um homem perdido em si mesmo e que não sabe rir. Perdido em si mesmo, isto é, engaiolado na autodestruição do seu niilismo.

"O voluptuoso e esquisito é insular-se o homem no meio de um mar de gestos e de palavras, de nervos e paixões, decretar-se alheado, inacessível, ausente..."[3] Aí está o "homem subterrâneo" de Dostoievski. Insular-se, para ele, não significa acreditar na vida interior e nas suas virtudes contemplativas, meditação, oração, intuição do mistério

---

[2] Múcio Leão, *Ensaios contemporâneos.*
[3] *Brás Cubas*, cap. 99.

individual, poesia da consciência que procura reconhecer-se. É um movimento reflexo, provocado pelo tédio de tudo, principalmente pelo ódio. Há em Machado de Assis um ódio entranhado da vida, uma incapacidade radical de aceitação ou até mesmo de compreensão, pois, para compreender, é indispensável postular antes um motivo de compreensão, e o que ele faz é resolver todas as questões suprimindo-as.[4] O "homem subterrâneo", aliás, quer suprimir o mundo inteiro. Naturalmente, desintegrado desse mundo, fora dele, atribui-se exclusivos direitos de vida.[5] A "... afirmação desdenhosa da nossa liberdade espiritual", disse Brás Cubas. Com honestidade mais cínica, Ordinov, o herói do *Espírito subterrâneo*, declara: "A melhor coisa deste mundo é uma inércia consciente".

E: "Há no desespero um prazer ardente, sobretudo quando se tem consciência desse desespero".

"Uma inércia consciente"— como as palavras de Ordinov se aproximam de uma definição oportuna e vêm ao encontro das observações que eu mais acima fizera... O "homem subterrâneo" fala, fala, fala, mas não sai do lugar, não troca o seu lugarzinho de espectador por nada deste mundo. É incômodo, mas é dele. É detestável, mas "se todos os gostos fossem iguais, que seria do amarelo?". Ou, como argumenta Ordinov, atacando a pretensa lógica do

---

[4]"... um ódio do gênero humano que lhe é uma homenagem". Graça Aranha, *Machado de Assis e Joaquim Nabuco*. Monteiro Lobato, São Paulo, 1923, p. 54.

[5]"... aquele reclamar tácito, mas odioso, da liberdade só para si..." — Luís Murat, *Revista da Academia*, n. 55, p. 234.

interesse: "L'intérêt! mais qu'est-ce donc que l'intérêt... Que direz-vous si je vous prouve que 'parfois' l'intérêt réel consiste en un certain mal, un mal nuisible, un mal assuré, qu'on préfère à un bien?... Mon propre vouloir, mon caprice, ma fantaisie la plus folle, voilà le plus intéréssant des intérêts..."

Esse mal que pode tornar-se tão interessante, proporcionando ao interessado prazer de masoquista, absurdos dolorosos, deliciosos, é o mal da consciência, "a consciência, essa doença...", explicou Ordinov. E Dostoievski assim comenta: "Car cet homme se vit et se connut et son destin est une triste réponse à l'antique maxime: Connais-toi. — Non, il n'est pas bon à l'homme de se connaître lui-même".[6]

O mal começa com a consciência demasiadamente aguda, pois o excesso de lucidez mata as ilusões indispensáveis à subsistência da vida, que só pode desenvolver-se num clima de inconsciência, a inconsciência da ação. Animal de combate, o homem normal, *homo faber*, faz da inteligência um instrumento de ação, a sua atividade consciente ou inconsciente está voltada para o mundo exterior. E sob o ponto de vista pragmático, é um absurdo esse "bicho de unhas e dentes" chegar a inverter a ordem do seu interesse vital, introvertendo-se.[7] Porém, sendo o homem um monstro singular que inventa a cultura e o ócio, ainda se pode supor

---

[6]Dostoievski, *L'esprit souterrain*, trad. et adapt. E. Halperine et C. Morice, Plon, Paris, 1886.

[7]"Nous ne vivons pas pour penser, mais nous pensons pour vivre", diz E. Claparède.

que a introspecção não passa de uma simples modalidade compensativa da ação. De tal modo necessita da luta, que não lhe basta o *struggle for life*, ainda quer devorar-se a si mesmo. A não ser assim, como explicar em certos casos a evidente morbidez introspectiva?

Mas o verdadeiro drama da "consciência doentia" não se resume apenas nisso, começa com o fato da consciência por amor à consciência, da análise por amor à análise — então, sim, nasce o "homem do subterrâneo". A vida chama, a vida passa, mas "o voluptuoso, o esquisito, é insular-se o homem no meio de um mar de gestos e palavras, de nervos e paixões, decretar-se alheado, inacessível, ausente...".

A impotência sentimental do sarcasta, por uma fatalidade da compensação afetiva, produz uma violenta paixão de análise. Quando o monstro cerebral descobre o "mundo da lua" que há na própria cabeça, se estabelece por lá e não quer outra vida. A sua paixão tem a monotonia mas também a sedução acre de um vício, pois o espírito então se masturba com uma espécie de volúpia incestuosa.

Havia em Machado de Assis esse amor vicioso que caracteriza o monstro cerebral, a volúpia da análise pela análise, mas havia também — e nisto vejo o seu drama — a consciência da miséria moral a que estava condenado por isso mesmo, a esterilidade quase desumana com que o puro analista paga o privilégio de tudo criticar e destruir.[8]

---

[8]Estamos familiarizados com um Machado de Assis mais sereno, amigo do equilíbrio e da moderação, cético atento e amável, quase anatoliano. Imagem, aliás, que coincide com a atitude do escritor. Mas talvez essa atitude seja uma simples aparência.

O capítulo 61 das *Memórias póstumas* é um documento precioso, para quem deseja surpreender o autor sob a personagem. Nessa meia página de uma densidade riquíssima em confidências indiretas, de uma complexidade profundamente característica, não é apenas Brás Cubas, o "defunto autor", quem explica o "senão do livro", o próprio Machado de Assis pede a palavra para dizer-se a si mesmo algumas verdades amargas, cara a cara, embora desalinhe o solilóquio com as palmadinhas habituais no ombro do leitor. Temos aí uma confissão, um desabafo, uma admirável autocrítica literária e um suspiro de resignação, tudo amalgamado com aquela arte sinuosa e sutil que sempre surpreende. Acredito que, para ele, o "senão do livro" também fosse o "senão de si mesmo" e de toda a sua obra da última fase. Penso que por vezes certamente se arrependia dos seus livros, sentindo neles "certa contração cadavérica". E também me parece que devia pensar: a contração cadavérica está em mim e não no meu falecido Brás Cubas, um pretexto...

Mas vamos reler o capítulo com atenção:

"Começo a arrepender-me deste livro. Não que ele me canse; eu não tenho que fazer; e, realmente, expedir alguns magros capítulos para esse mundo sempre é tarefa que distrai um pouco da eternidade..." Fala Brás Cubas? Fala um homem que morreu para a vida e só conservou a paixão de analisar ou a mania de escrever, como o Trigorin de Tchekov, sujeito dúbio que é ao mesmo tempo Brás Cubas e Machado de Assis. E esse homem escrevia livros como só um morto poderia escrever, porque vivia fora do mundo, no seu subterrâneo eterno.

"Mas o livro é enfadonho, cheira a sepulcro, traz certa contração cadavérica..." Sempre me pareceu uma confissão esta frase. Pode ser que, ao escrevê-la, apenas pensasse em falar pela boca de Brás Cubas, desenvolvendo a lógica moral da personagem. Mas assim mesmo, seria uma confissão indireta ou inconsciente. Caso normativo dos escritores de ficção; eles se confessam através das encarnações imaginárias, indiretamente, com uma sinceridade mais honesta do que na correspondência ou nos cadernos íntimos. O verdadeiro Dostoievski, por exemplo, se revela muito mais na obra literária do que no *Journal d'un écrivain*. Deixo de argumentar aqui com a correspondência de Machado de Assis porque é um modelo de discreta insignificância.[9]

Pois bem, admitida a confissão que esta frase encobre ou revela, a seguinte, separada por ponto e vírgula, já representa um retorno à malícia e às acrobacias do *humour*:

"... vício grave, e aliás ínfimo, porque o maior defeito deste livro és tu, leitor."

Dá então a explicação da reviravolta e nela está contida a autocrítica de que falei:

"Tu tens pressa de envelhecer, e o livro anda devagar; tu amas a narração direta e nutrida, o estilo regular e fluente, e este livro e o meu estilo são como os ébrios, guinam à di-

---

[9] V. *Correspondência de Machado de Assis*, colig. e anot. por Fernando Nery, A. Bedeschi, ed., Rio, 1932.

reita e à esquerda, andam e param, resmungam, urram, gargalham, ameaçam o céu, escorregam e caem..."

Chegando ao fim da imagem, escorrega, perde o *humour*, cai num *omnia vanitas* inesperado.

Mas de repente se levanta, dá as costas ao leitor e volta para o subterrâneo, resmungando com vivo prazer:

"Esta é a grande vantagem da morte, que, se não deixa boca para rir, também não deixa olhos para chorar..."

Machado de Assis, 1935-1958

ENTUSIASTA E MÍSTICO

"Houve sol, e grande sol, naquele domingo de 1888, em que o Senado votou a lei, que a regente sancionou, e todos saímos à rua. Sim, também eu saí à rua, eu, o mais encolhido dos caramujos, também eu entrei no préstito, em carruagem aberta, se me fazem favor, hóspede de um gordo amigo ausente; todos respiravam felicidade, tudo era delírio. Verdadeiramente, foi o único dia de delírio público que me lembra ter visto."

Assim escrevia Machado de Assis numa crônica de 14 de maio de 1893, recordando o grande dia da abolição.[1]

Imaginamos logo um Machado imprevisto, arrastado pela onda do entusiasmo coletivo, perdido no meio da multidão que aclama os líderes abolicionistas e a regente.

Desse momento de entusiasmo, porém, não descobrimos reflexo direto na sua obra.

Encontramos apenas, numa página curiosa do *Memorial de Aires*, o vestígio literário do fato, de modo a revelar-nos a sua verdadeira reação diante do arrebatamento

---

[1] V. *A Semana*, edição coligida por Mário Alencar. Garnier, Rio, 1910.

público. Entre o homem que saiu à rua, entrando no préstito em carruagem aberta, e o "caramujo" que escreveu essa página do *Memorial*, cabe toda a distância que separa a personalidade autêntica das suas manifestações acidentais.[2]

E a impressão que fica é a de um espírito impassível aos reagentes da vida exterior.[3] Não vejo nada de extraordinário no fato de ter aderido à manifestação popular. Podemos aplicar no caso a observação sutil de Madame de Rémusat: "On n'est jamais uniquement ce qu'on est surtout".

E talvez despertasse dentro dele a consciência da raça amarrada ao tronco e surrada pelos mandões da nossa aristocracia agrária. Se não transparece em Machado de Assis, mulato aristocratizado pela cultura, resquício algum de ressentimento ou complexo de humilhação, quem poderia afirmar que uma atitude tão discreta, um desdém tão fino — a indiferença de Próspero pelas revoltas de Caliban — não encobre uma cicatriz antiga? Ignoramos qual foi a reação

---

[2] V. na *Revista da Academia*, n. 54, a indignação de José do Patrocínio: 'Pago o ódio que esse homem vota à humanidade com o meu desprezo... Nunca olhou para fora de si; nunca deparou, no círculo das suas idealidades a reverências, outro homem que não fosse ele, outra causa que não fosse a sua, outro amor que não fosse o de si mesmo... O país inteiro estremece; um fluido novo e forte, capaz de arrebatar a alma nacional, atravessa os sertões, entra pelas cidades, abala as consciências... Só um homem, em todo o Brasil e fora dele, passa indiferente por todo esse clamor e essa tempestade... Esse homem é o Sr. Machado de Assis. Odeiem-no porque é mau; odeiem-no porque odeia a sua raça, a sua pátria, o seu povo..."

[3] Paulo Arinos, estudando o meio e o momento, justifica essa impassibilidade. V. "Machado de Assis e seu tempo", *Correio do Povo* (Porto Alegre), 3-8-1926.

sentimental do mulatinho humilde ou do tipógrafo ambicioso, pois Machado de Assis punha uma certa coquetice em silenciar sobre esses lados obscuros da sua formação. Aristocratizou-se silenciosamente, já disse Graça Aranha.

No dia 13 de maio de 1888, o inconsciente étnico teve a sua parte de responsabilidade no gesto intempestivo de entusiasmo que inesperadamente o transfigurava? Ninguém pode saber. O importante é que o mais encolhido dos caramujos saiu à rua, em carruagem aberta, entrando no préstito. E o mais importante ainda é que, na estilização literária do fato, pela boca do conselheiro Aires, afirma exatamente o contrário:

"Estava na Rua do Ouvidor, onde a agitação era grande e a alegria geral.

Um conhecido meu, homem de imprensa, achando-me ali, ofereceu-me lugar no seu carro, que estava na Rua Nova, e ia enfileirar no cortejo organizado para rodear o paço da cidade, e fazer ovação à Regente. Estive quase a aceitar, tal era o meu atordoamento, mas os meus hábitos quietos, os costumes diplomáticos, a própria índole e a idade me retiveram melhor que as rédeas do cocheiro aos cavalos do carro, e recusei. Recusei com pena. Deixei-os ir, a ele e aos outros, que se ajuntaram e partiram da Rua Primeiro de Março. Disseram-me depois que os manifestantes erguiam-se nos carros, que iam abertos, e faziam grandes aclamações, em frente ao paço, onde estavam todos os ministros. Se eu lá fosse, provavelmente faria o mesmo e ainda agora não me teria entendido..."[4]

---

[4]V. *Memorial*, 13 de maio.

Este é o verdadeiro Machado. O outro, o que "foi na onda", não passa de um fantasma em carne e osso, leviano e crédulo. Renegou a "afirmação desdenhosa da nossa liberdade espiritual" para cair numa estúpida bebedeira coletiva. Na versão literária do fato, está a sua atitude sincera, ele tenta justificar-se, corrigindo a realidade: "Se eu lá fosse, provavelmente faria o mesmo, e ainda agora não me teria entendido..." Diga-se, em resumo, que foi e não se entendeu.

Para um ironista, toda ação impulsiva é ridícula, porque é inconsciente.[5] A grande preocupação do ironista é a de não ser *dupe*, de não se deixar lograr por nada e por ninguém — e haverá para o "homem subterrâneo" maior logro do que se deixar arrastar por uma onda de delírio público? Certamente, quando o "caramujo" tornou a si, depois da manifestação, sentiu-se logrado por si mesmo e vaiado pelo famoso moleque íntimo do capítulo 52 das *Memórias póstumas*:

"... não havia ali nenhuma testemunha externa; mas eu tinha dentro de mim mesmo um garoto, que havia de assobiar, guinchar, grunhir, patear, apupar, cacarejar, fazer o diabo...".

Admirável caricatura da autocrítica, esse moleque. Se tivesse de escolher uma figura simbólica para emblematizar o demonismo de Machado de Assis, não poderia escolher outra. Tudo se resume, afinal, numa tragicomédia representada por ambos, ele e o seu garoto, o instinto vital e a autocrítica, a vida que tende para a expansão e o pensamento que a

---

[5]Diz Bergson em *Le rire*: "... nous ne sommes ridicules que par le côté de notre personne qui se dérobe à notre conscience".

paralisa. Por isso mesmo digo, no começo, que toda a sua agitação acaba marcando passo. A timidez do homem é uma conseqüência da audácia do garoto. Dominado, amordaçado pela sua prodigiosa vida subjetiva, Machado é para o crítico um desses grandes espetáculos humanos que sugerem a visão da consciência a devorar-se, a lacerar-se vertiginosamente com uma única esperança de repouso — a morte. "Selbstkenner! Selbsthenker!" Conhecedor de si mesmo, carrasco de si mesmo, escrevia Nietzsche nesse mesmo ano de 1888.[6]

O seu entusiasmo no dia da abolição, considerado sob este ponto de vista, parece uma desforra da vida. Por mais que o niilista negue, e negue com prazer, com tenacidade febril, justamente porque é fiel ao seu niilismo e põe na sua paixão subversiva toda a intensidade vital de que é capaz, ainda presta uma ingênua homenagem à teima da vida. Veja-se o final de *Viver!*:

"Uma águia: — Ai, ai, ai deste último homem, está morrendo e ainda sonha com a vida.

A outra: — Nem ele a odiou tanto, senão porque a amava muito."[7]

Deixando de parte as limitações literárias, vejo no drama de Machado de Assis o velho drama do pensamento que julga a vida e a condena, mas continua a ser um pobre escravo do instinto vital. A única solução lógica para o pessimismo é o suicídio, diria o Conselheiro, o do Eça. Transformar

---

[6]*Dionysos-Dithyramben.*
[7]*Várias histórias.*

em obra de arte o próprio desespero ainda pressupõe aceitar a fatalidade da ilusão, renovando o suplício da esperança.[8]

·

Há outro momento singular na vida de Machado de Assis — a morte de Carolina. Em carta a Joaquim Nabuco, de 20 de novembro de 1904, escreve:

"Tudo me lembra a minha meiga Carolina. Como estou à beira do eterno aposento, não gastarei muito tempo em recordá-la. Irei vê-la, ela me esperará".

Comentando essa carta, diz Graça Aranha:

"Abre enfim o seu misterioso coração aos amigos... É a transfiguração. Machado de Assis começou a morrer. E na longa e triste agonia, a dor o transformara. A petulância do espírito foi convertida em mansidão, a ironia em piedade, a desconfiança em abandono, a dúvida em esperança da outra vida".[9]

Vamos devagar, com muito cuidado. A dor foi profunda, sem dúvida. E desde outubro de 1904, o homem parece outro. Não há realmente no *Memorial de Aires* a mesma petulância irônica, certa indulgência crepuscular esfuma a ironia, Aires descreve a infidelidade de Fidélia sem grande malícia, como efeito de uma evolução necessária.

Mas a indulgência também é sonolência, o abandono parece cansaço. Livro cinzento, livro morto, livro bocejado e

---

[8]V. *Dom Casmurro,* cap. 133: "A vida é tão bela que a mesma idéia da morte precisa de vir primeiro a ela, antes de se ver cumprida."
[9]O. c., p. 75.

não escrito. Aires? Fidélia? Tristão e o casal Aguiar? Só vejo uma personagem — o Tédio. A "letargia indefinível" a que eu me referia no começo deste ensaio tomou conta do velho Joaquim Maria, definindo-se. É agora um imenso bocejo, capaz de engolir o mundo.

Quando a sua dor explode na esperança mística destas palavras: "ela me esperará", o fato nos surpreende como único momento de abandono confidencial numa correspondência evasiva ou insignificante. Dá pena vê-lo sofrer assim, velho, doente, cheio de pensamentos idos e vividos. Dá mais pena ainda, entretanto, vê-lo esforçar-se por acreditar naquela frase de consolo a si mesmo, de mentira da saudade e esperança forçada, pois diz em voz alta: "ela me esperará", unicamente para não ouvir o "cochicho do nada", para encobrir a voz interior que tudo nega.

Machado de Assis, 1935-1958

DA SENSUALIDADE

A Lúcia Miguel Pereira

A grande sensualidade em Machado de Assis é a das idéias. Para o monstro de lucidez que se criara aos poucos dentro dele, olhos bem abertos, narinas palpitantes, poderia haver uma volúpia mais aguda do que essa alegria de caçar as essências que transparecem na obra dos moralistas e psicólogos? Quem abre ao acaso um La Rochefoucauld, um La Bruyère, logo sente, por contágio, o prazer do tiro certeiro, da flecha que ainda vibra, cravada no alvo. São caçadores de raça, e a paixão é um esporte abstrato, jogado com palavras, mas dá sensações tão violentas como o exercício dos músculos numa cancha batida de sol.

Há um Machado de Assis que descende dessa mesma raça. Lá está ele, entocaiado no pretexto da sua ficção, fazendo mira, dormindo na pontaria. Atingir, além da máscara superficial, gestos e palavras, a essência turva do homem, não pode haver, para o "grande lascivo", volúpia mais mordente.

Sim, a sensualidade toma todas as formas, para não morrer. Mas é outra a zona da sua obra que devemos percorrer agora, a da sensualidade no sentido comum — *libido sentiendi.* Para o psicanalista, quantos meandros pré-freudianos perdidos, como risco de molde, no labirinto caprichoso dessa obra... Quase todos marcavam o rumo certo de uma intuição, transformada mais tarde em matéria de estudo psicológico; zona importante, mesmo em livros tão policiados pelo pudor, tão controlados, ao menos na aparência, por um esquisito puritanismo de forma. Neste caso, nunca se deve perder de vista o Machado pudico e um tanto desconfiado que escreveu longas páginas de crítica sobre Eça. Não via com bons olhos o "naturalismo" do *Primo Basílio:*

"Parece que o Sr. Eça de Queirós quis dar-nos na heroína um produto da educação frívola e da vida ociosa; não obstante, há aí traços que fazem supor, à primeira vista, uma vocação sensual. A razão é a fatalidade das obras do Sr. Eça de Queirós — ou, noutros termos, do seu realismo sem condescendência: é a sensação física. Os exemplos acumulam-se de página a página; apontá-los seria reuni-los e agravar o que há neles desvendado e cru. Os que de boa fé supõem defender o livro, dizendo que podia ser expurgado de algumas cenas, para só ficar o pensamento moral e social que o engendrou, esquecem ou não reparam que isso é justamente a medula da composição. Há episódios mais crus do que os outros. Que importa eliminá-los? Não poderíamos eliminar o tom do livro. Ora, o tom é o espetáculo dos ardores, exigências e perversões físicas."

E, no entanto, dos dois o mais casto de intenções é sem dúvida Eça. Ilusão pensar que o pudor da forma implica necessariamente uma atitude mais casta. Lawrence, por exemplo, é no fundo mais inocente do que Laclos. Eça de

Queirós, com seu realismo franco, honesto e desrecalcado, não possui a subterraneidade sensual que pressentimos em Machado de Assis. Na sua obra de claros contornos, construída quase sempre sob um risco tão simples, que chega a parecer superficial, não notamos vestígios de alçapões e portas falsas. O grande encanto de Eça está justamente nos seus limites, em ter sido assim apenas uma objetividade nítida, retocada de ironia.

Com Machado de Assis, entramos no regime das reticências e dos recalcamentos. Nada é simples nele, e não há nada, no melhor da sua obra, que se entregue de braços abertos à primeira leitura. Os seus corredores sempre fazem cotovelo, e eu penso, ao retomar um volume qualquer da última fase, no verso mal-assombrado de Mário Quintana:

"Um mistério encanando com outro mistério, no escuro..."

Pois bem, a sensualidade machadiana, aparentemente tão discreta, começa na penumbra dos seus segundos planos e vai dar numa sombra insondável. Recalcada e por isso mesmo profunda, às vezes atinge os limites da morbidez. O homem tímido que reprochava a Eça de Queirós uma deleitação excessiva no "espetáculo dos ardores, exigências e perversões físicas", é o mesmo que imaginou o capítulo 144 de *Quincas Borba*, em que o falso ar de inocência dá um sabor picante e perverso à miniatura fragonardesca. É o mesmo também que, em *Dom Casmurro*, escreveu "O penteado", "Os braços", "A mão de Sancha", onde o pudor da forma, reposteiro entreaberto, faz pensar numa seminudez provocante. Sensualidade imaginativa muito policiada, apenas de vez em quando "le doux éclat d'une épaule entre deux pensées", como diria Madame Teste, sensualidade que é nele, antes de tudo, uma curiosidade insaciável a desnudar todas as cousas, a despir as idéias e os corpos, revelando a nudez essencial sob a roupagem mentirosa.

Dos três rios de fogo a que se refere Pascal, predomina em Machado a *libido sciendi*, mas nem por ser tão recalcada, a *libido sentiendi* é menos profunda. Seu recato lembra o cendal de Camões, que "nem cobria nem descobria inteiramente".

Parece que mais de uma vez teve uma vaga intuição da sublimação e do recalcamento, é claro que não num sentido rigorosamente freudiano. Quero dizer que certas passagens de sua obra, traduzidas para a linguagem psicanalítica, ou ao menos relidas agora à luz da psicanálise, sugerem uma intuição desse processo repressivo e dos *Sexualtriebe* recalcados ou sublimados. Por exemplo: "Carlos Maria sorriu e olhou para as borlas caídas do cordão de seda que ela trazia à cintura, atado por um laço frouxo; ou para ver as borlas, ou para notar a gentileza do corpo. Viu bem, ainda uma vez, que a prima era uma bela criatura. A plástica levou-lhe os olhos — o respeito os desviou; mas não foi só a amizade que o fez demorar ainda ali e o trouxe novamente àquela casa. Carlos Maria amava a conversação das mulheres (como o Saint-Clair de Mérimée...) tanto quanto, em geral, aborrecia a dos homens. Achava os homens declamadores, grosseiros, cansativos, pesados... As mulheres, ao contrário, não eram grosseiras, nem declamadoras, nem pesadas.

A vaidade nelas ficava bem, e alguns defeitos não lhes iam mal; tinham, ao demais, a graça e a meiguice do sexo".

Ou então: "O marido de D. Fernanda envolvera Sofia em um grande olhar de admiração. Ela, em verdade, estava nos seus melhores dias; o vestido sublinhava admiravelmente a gentileza do busto, o estreito da cintura e o relevo delicado das cadeiras, — era 'foulard', cor de palha... Teófilo elogiou o vestido, mas era difícil mirá-lo sem mirar também o corpo da dona; dali os olhos compridos que lhe deitou, sem concupiscência, é certo, e quase sem reincidência".

Será realmente certo? "Sem concupiscência", mas "quase sem reincidência", e neste "quase" cabe a segunda intenção. *Quincas Borba*, aliás, mais do que qualquer outra amostra do repertório machadiano, é a análise dos desejos recalcados, a começar por Sofia e Rubião. A cada momento, os exemplos botam o nariz para fora do texto, reclamando a atenção do crítico. Ambiente espesso e turvo, perspectiva moral muito complexa que se aprofunda em "subconsciente", com um mudo grulhar de gestos sem convite, de maus pensamentos que se recolhem às suas alcovas. Nessa ambiência pesada, a loucura de Rubião parece um desfecho tão natural como a primeira faísca no horizonte cor de chumbo.

De qualquer modo, não é só o caso do pobre mineiro que pode fornecer ao psicanalista boas fontes de interpretação. A sensualidade na obra de Machado de Assis é como um rio profundo que parece muito manso, a um golpe de vista panorâmico, e não obstante, possui os seus segredos de correnteza, os seus caprichos de redemoinhos, toda uma acidentação de curso longo. Há uma outra zona de transparência em que a superfície entremostra o fundo. Assim, por exemplo, com certa insistência tátil e visual matizada de fetichismo, entrega-se não sei quantas vezes, à voluptuosa obsessão dos braços:

"Virgília cingiu-se com os seus magníficos braços..." "Sofia estava magnífica. Trajava de azul escuro, muito decotada...; os braços nus cheios, com uns tons de ouro claro, ajustavam-se às espáduas e aos seios, tão acostumados ao gás do salão." Os braços de Capitu merecem um período, observa Machado, à sombra de Bentinho: "Eram belos, e na primeira noite que os levou nus a um baile, não creio que houvesse iguais na cidade... Eram os mais belos da noite, a ponto que me encheram de desvanecimento. Conversava mal com as outras pessoas só para vê-los, por mais que eles se entrelaçassem aos das casacas alheias. Já não foi assim no segundo baile; nesse, quando vi que os homens não se fartavam de olhar para eles, de os buscar, quase de os pedir, e que roçavam por eles as mangas pretas, fiquei vexado e aborrecido".

O tema dos braços, que nas *Memórias póstumas* é apenas uma alusão discreta, uma breve indicação de motivo em surdina, depois de ressurgir mais cantante e mais claro em *Quincas Borba*, se em *Dom Casmurro*, já merece a honra de um capítulo especial, vai culminar, enfim, irrefreável e envolvente, naqueles dois contos que resumem a fina essência da arte machadiana: "Uns braços" e "A missa do Galo". São duas variações sobre o mesmo tema — a perturbadora revelação do amor na adolescência, primeiro apelo da carne e do sexo, e, dentro das cambiantes acidentais ou anedóticas, o mesmo caso, em resumo, foi tratado com as mesmas tintas.

Machado mal deixa entrever a sua sensualidade, mais ou menos como a Conceição da "Missa do Galo": D. Conceição mostra apenas metade dos braços, metade, porém, mais nua do que a inteira nudez. Os braços de D. Severina, bem à mostra, não terão a febre contida que adivinhamos na rede azul daquelas teias: "As veias eram tão azuis, que apesar da pouca claridade, podia contá-las do meu lugar". Além disso, Conceição, magra embora, tinha "não sei que balanço no andar, como quem lhe custa levar o corpo".

O que caracteriza os breves momentos de erupção sensual nessa obra é um estranho ardor abafado, não sei que morbidez no acento da frase e na escolha de certos detalhes expressivos, uns dois ou três toques muito avivados, então, sobre o fundo contrastante da habitual secura. Fogo vivo entre cinzas. Às vezes o detalhe perturbador é um quase nada, como, por exemplo, no caso de Maria Cora, a gaúcha morena e cheia: "Quando ela falava, tinha um modo de umedecer os beiços, não sei se casual, mas gracioso e picante". Ou no caso da outra Maria, a de "Um capitão de voluntários", criatura esta "mais quente e mais fria do que ninguém", com os seus gestos "igualmente lânguidos e robustos" e os mesmos olhos de Capitu.

Em quase todos os seus tipos femininos, o momento culminante em que a personalidade se revela é o da transformação da mulher em fêmea, quando vem à tona o animal astuto e lascivo, em plena posse da técnica de seduzir. A dissimulação em todas elas é um encanto a mais. Ameaça velada, surdina do instinto, sob as sedas, as rendas e as atitudes ajustadas ao figurino social, sentimos como é profunda a sombra do sexo. Nota-se principalmente, no Machado retratista de mulheres, uma curiosidade um tanto perversa pela Eva primitiva que mantém os direitos do instinto e as manhas do egoísmo, ainda quando freada pelos tabus e as tramas convencionais em que os homens, exímios fabricantes de códigos, integraram pouco a pouco a sua condição gregária, feita de equilíbrio instável entre a solidariedade e o estômago. Humanitas precisa viver e, para viver, precisa justificar moralmente a condição humana. Ora, são quase sempre os homens que representam as razões morais de Humanitas na obra de Machado. Brás Cubas, Rubião, Bentinho, por mais tépidos ou mais cínicos que pareçam, e embora por simples acidente, ao menos ainda tropeçam de vez em quando nas tábuas da lei, usam o luxo dos escrúpulos, sentem no fundo da consciência a interrogação moral. Virgília, Sofia, Capitu, estas parece que nem sabem da existência de tais interrogações, nunca sonharam com outra forma de remorso além das inevitáveis repressões do seu decoro.

"Com algumas horas de intervalo", observa o autor em *Quincas Borba*, "todos os maus pensamentos se recolheram às suas alcovas. Se me perguntardes por algum remorso de Sofia não sei que vos diga. Há uma escala de ressentimento e de reprovação. Não é só nas ações que a consciência passa gradualmente da novidade ao costume e do temor à indiferença. Os simples pecados de pensamento são sujeitos a essa mesma alteração, e o uso de cuidar nas cousas afeiçoa tanto a elas, que, afinal, o espírito não as estranha, nem as repele. E nestes casos há sempre um refúgio moral na isenção exterior, que é, por outros termos mais explicativos, o corpo sem mácula".

Sem dúvida, a vida obscura do sexo toma vez que outra aos olhos de Machado uma leve coloração pecaminosa; pelo menos um resquício de sarcasmo, um recuo involuntário, feito a um só tempo de curiosidade e repugnância, haverá na sua reação diante do tipo feminino que representa, com uma persistência bem significativa, a mulher na sua obra — Sofia, Capitu.

Por isso mesmo e devido a essa constante preocupação pelas mulheres sensuais e pérfidas, falta saúde à sensualidade machadiana, falta-lhe a harmonia que vem da plenitude carnal e espiritual: razão, sentimento e instinto em relativo equilíbrio. "You can be", diz Rampion, "a barbarian of the intellect as well as of the body. A barbarian of the soul and the feelings as well as of sensuality".[1]

Diante da mulher, a outra metade humana que nos completa e reproduz, o Machado escritor — o verdadeiro Machado — parece não saber despojar-se dos seus preconceitos de homem, animal que pensa. Fica na defensiva, como observador curioso de um espetáculo absurdo, e de toda a fecunda complexidade feminina apenas resta, ao fim da experiência que nos transmite através dos seus livros, a cabra-cega dos instintos em luta, a comédia do amor no sentido mais triste do termo: como uma contradança de desejos.

---

[1] *Point counter point.*

Não importa aqui citar as exceções e em primeiro lugar a mais eloqüente de todas porque foi vivida pelo cidadão Joaquim Maria — a sua vida conjugal. A impressão que deixa a obra da última fase é que o verdadeiro Machado não se divertia muito na companhia das mulheres generosas ou equilibradas. Ao lado de Capitu e de Sofia, mesmo ao lado de Virgínia, travesseiro de Brás Cubas, como são pálidas e apagadas uma Fernanda, uma D. Carmo! Flora, puro espírito, não vem ao caso, pois não era deste mundo. Quando entram em cena os bons sentimentos, Machado cochila, boceja. Creio que a ele, sim, podemos aplicar com carradas de razão o que Blake dizia de Milton...

Mas isto é outra história.

Machado de Assis, 1935-1958

OS GALOS VÃO CANTAR

"Eu não sou somente a vida; sou também a morte, e tu estás prestes a devolver-me o que te emprestei. Grande lascivo, espera-te a voluptuosidade do nada."

Aquela cousa que ali está, atirada sobre a cama, entre cochichos tristes, é o corpo morto de Machado de Assis. Quatro horas da madrugada. Vem das árvores do Cosme Velho um cheiro de seiva. Os galos vão cantar. Alguns dias antes, enquanto o velho Joaquim Maria murchava entre os lençóis, suando as últimas forças, o professor Dumas, na Associação dos Empregados do Comércio, discorria sutilmente sobre a psicologia dos moribundos. Citava exemplos colhidos — se é possível dizer assim — ao vivo. E esqueceu-se de apanhar o ensejo no ar, entrevistando esse grande técnico especializado, o pai de Brás Cubas, que então demandava a trote largo os subúrbios da morte.

O professor Dumas amontoava os casos, debatia, comentava, criticava. Segundo o professor Egger, por exemplo, a idéia da morte, quando se apresenta ao espírito como próxima, acorda, em virtude de uma associação natural, o "eu vivo", isto é, a idéia colorida e presente da vida que levou o eu. Não tendo tempo de formular as suas reminiscências em noções abstratas, o pensamento lógico fica como que paralisado, e é o eu memorial que surge sob a forma de imagens e grandes quadros que resumem a vida inteira. Brière de Boismont referiu o exemplo célebre de um matemático, grande jogador de cartas, que parecia ter perdido toda a consciência, quando um amigo lhe anunciou ao ouvido uma jogada, e que respondeu: "quinta, quatorze e o ponto".

Certo, o espírito dessa conferência, considerado assim à distância, se impregna de outro sentido e respira o mais puro *humour* machadiano. Estivesse entre os ouvintes, o pai de Brás Cubas trocaria com os seus botões um sorriso fino de inteligência, pensando: tudo isto é café pequeno diante do meu "Delírio" e do velho Viegas que, no capítulo "In extremis", repete: não... quar... quaren... quar... quar...

Uma cousa, porém, é escrever sobre a morte e outra, morrer. E aquela cousa que ali está, inanimada, entre cochichos e passos discretos, ancorada no grande silêncio, já pertence ao mistério sem nome. Extinguiu-se inteiramente na face a cansada ironia. O mal de pensar, a luz de malícia que espreitava pelos olhos o espetáculo do estranho cotidiano, vitrificou-se no fundo das pupilas, sumida para sempre em si mesma. As mãos estão cruzadas, as pálpebras fechadas. De súbito, uma paz imprevista entrou pela porta. Outras formas de vida fermentam no cadáver. O fantasma do Quincas Borba explicaria que não há morte, há vida, pois a supressão de uma forma é a condição da sobrevivência da outra. O dia vai nascer.

E agora que o velho Joaquim Maria saiu pela porta invisível, deixando como rastro um pouco de interrogação, Machado de Assis, o outro, o inumerável, o prismático, o genuíno Machado, feito do sopro das palavras gravadas no papel e da magia do espírito concentrado entre as páginas, começará realmente a viver. O homem presente e corpóreo, com a sua pele, as suas vísceras, os seus achaques, o mulato macio e polido com o seu ramo de carvalho do Tasso, o acadêmico integrado em seu papel, encalhado em si mesmo, resignado a si mesmo, tem o grave inconveniente de estar vivo. A sua presença é um estorvo inevitável que se levanta entre a obra e o intérprete. Os seus amigos, as suas leitoras são outro estorvo. Um muro de simpatias ou de automatismos imitativos, de admirações ou de aceitações vai formando em torno dele esse primeiro clima do renome incipiente, tão precário e tão superficial quase sempre, em que os motivos de exaltação raro assentam numa compreensão profunda do espírito da obra, por falta de recuo no tempo e, portanto, de visão objetivada em distância propícia. Os amigos vêem a obra através do amigo, os leitores ainda se acham na fase dos primeiros namoros com o texto, cativos de tanta graça evasiva, de tanta agilidade maliciosa.

A obra de um grande escritor possui várias camadas superpostas, muitos degraus de iniciação, e só poderá ser conquistada em profundidade pouco a pouco. Logo à entrada, há um salão de recepção, onde os admiradores da primeira hora vão fazer o elogio do dono da casa. Que talento, que bom gosto, uma delícia! Mas é vasto o casarão, e às vezes é preciso uma paciência enorme para abrir todas as portas, explorar os corredores inquietantes, subir e descer escadas, descobrir a cozinha e o quintal da casa. Às vezes o dono está escondido no porão. Há muito visitante que jamais sairá da sala. Basta-lhe, em todas as cousas, a leve espuma, a imagem fácil, a comodidade das primeiras impressões, que é uma fofa poltrona para o espírito.

Entretanto, as realizações do artista valem apenas como exercícios na sua luta contra a indiferença da forma ou das fórmulas, mesmo dentro de uma linha de continuidade tradicional, e o fato admirável num grande criador é que ele seja capaz de se renovar dentro da obra, de provocar mais tarde sugestões inesperadas. Aí transparece o seu segredo de renovação, a força da sua vitalidade, que ninguém pode tentar explicar sem um certo respeito diante da aventura sempre renovada que representa, ao longo das gerações, cada novo contato com o texto.

Formulando a questão em termos paradoxais, extraordinário me parece o seguinte: o autor continuar a viver, apesar da sua obra, esse túmulo. Qualquer forma da sua expressão tende, mais cedo ou mais tarde, por força do inevitável embotamento e da velhice que banaliza as palavras como a água corrente arredonda os seixos, tende, digo eu, a limitá-lo, mas é verdade que ele vive e perdura naquilo que deixou oculto à sombra da expressão aparente, no segundo sentido que as gerações descobriram mais tarde e, em geral, logo de início passa em branca nuvem.

No fundo de toda obra literária, por menos que pareça e embora se apresente sob o signo do desespero e da irremediável lucidez desencantada, há um protesto da vida contra a irreversibilidade, um desejo de ficar, de não mudar mais na agonia dos minutos. O exemplo mais grave, para ilustrar o caso, está na obra de Proust. Ele viveu escravizado à memória, ao recuo nostálgico, à saudade no tempo e no espaço. Já no começo dos seus ensaios literários, segue esse declive espontâneo da fantasia criadora, e convém ler em *Les Plaisirs et les Jours* as páginas de antecipação em que analisa o *regret*, palavra constante, em torno da qual se agrupam os temas proustianos. A força de concentração acha-se representada, nos quinze volumes de *À la Recherche du Temps Perdu*, pelo eu que centraliza a história; a tendência dispersiva, pelo próprio tempo, dissociador e dissipador da personalidade. A busca do tempo perdido é a reconquista do eu que se perdeu. Volta-se o eu para o passado com a intenção de reconquistar ao longo dos anos vividos a memória integral da personalidade, quer salvar-se no meio da correnteza, construindo na ilha da memória o observatório da consciência. E no Proust do *Temps Retrouvé* não há só o prestidigitador que mostra as mãos, revelando os seus passes, há principalmente a chave de toda uma vida. O sentido daquelas últimas páginas do *Temps Retrouvé* é uma redenção pela vitória do eu reintegrado em si mesmo, a voz do autor parece vir do outro mundo, além do tempo e do espaço, como a grave mensagem de um iluminado da arte que se vai "da lei da morte libertando".

É assim que morre o homem para que a obra possa viver. Morre a cada momento, em cada frase acabada, em todo ponto final. Em verdade, o escritor procurava, talvez inconscientemente, essa outra forma de vida, mais grave e profunda, que principia na hora da morte e se prolonga no tempo através da interpretação dos leitores. E neste sentido é que o livro pode ser uma aventura sempre renovada, principalmente quando construído em profundidade e com uma janela aberta para o futuro. Deu-lhe o autor um inquieto espírito de sonho, para repartir com algumas criaturas escolhidas. Seu sentido interior não pára nunca, nem se deixa deformar pela interpretação parcial dos leitores. Cada palavra impressa esconde um espelho de mil facetas, onde a nossa imagem pode multiplicar-se até a tortura dos indefiníveis.

A verdadeira história de um escritor, portanto, principia na hora da morte, e de nós depende em grande parte a sua sobrevivência. Quando os olhos são ricos, até os livros medíocres podem reviver, transfigurados. Onde começam, onde acabam os recursos da simples fantasia a portas fechadas, quando os olhos se enfiam pelos olhos e o sonhador incorrigível que vive dentro de nós se diverte em passar a limpo o texto da criação, decretando uma nova ordem cósmica?

Por conhecer todos esses recursos da imaginação é que Machado de Assis escreveu, num dos seus mil e um parênteses: "Nada se emenda bem nos livros confusos, mas tudo se pode meter nos livros omissos. Eu, quando leio algum desta outra casta, não me aflijo nunca. O que faço, em chegando ao fim, é cerrar os olhos e evocar todas as cousas que não achei nele. Quantas idéias finas me acodem então! Que de reflexões profundas! Os rios, as montanhas, as igrejas que não vi nas folhas lidas, todos me aparecem agora com as suas águas, as suas árvores, os seus altares, e os generais sacam das espadas que tinham ficado na bainha, e os clarins soltam as notas que dormiam no metal, e tudo marcha com uma alma imprevista."[1]

Há um fundo permanente de verdade nessa caricatura do leitor ideal que é, em essência, um colaborador, um segundo autor, a completar as sugestões do texto e a encher de ressonância os brancos da página. O leitor nunca inventa, apenas descobre, mas inserindo nessa descoberta a sua ressonância pessoal, consegue tocar nos limites da invenção. Neste sentido modesto, inventamos sempre o que descobrimos. E se não houvesse em nós uma correspondência pronta a vibrar, uma receptividade capaz de compreender e completar, como poderíamos descobrir alguma cousa?

Um dos grandes encantos da obra de Machado de Assis é a sua vaguidade sedutora que a todo momento solicita a colaboração direta do intérprete e parece coquetear com todos os leitores, para depois deixá-los, rendidos e logrados, do outro lado da porta. Havia certamente em parte, nessa atitude, um enigmatismo voluntário, uma faceirice de espírito problemático, a se comprazer na comédia da sua volubilidade, sem, no entretanto, conseguir iludir-se.

Pois no mais íntimo dessa obra, o que realmente adivinhamos é o sorriso do autor, aquele sorriso consciente, frio, singular — não acreditando muito na aventura literá-

---

[1]*Memórias póstumas de Brás Cubas.*

ria, conhecendo a miséria das interpretações, o incomunicável que vai de um eu a outro eu, a melancolia das separações inevitáveis —, a idéia viva que secou dentro da obra, a obra devorada na exegese e a exegese que acaba em errata de outra errata...

Preto & branco

O ENTERRO DE MACHADO DE ASSIS

"Resta lembrar que a vida dos livros é vária como a dos homens. Uns morrem de vinte, outro, de cinqüenta, outros de cem anos, ou de noventa e nove... Muitos há que, passado o século, caem nas bibliotecas, onde a curiosidade os vai ver, e donde podem sair em parte para a história, em parte para os florilégios. Ora, esse prolongamento da vida, curto ou longo, é um pequeno retalho de glória. A imortalidade é que é de poucos."

A primeira tentativa de interpretação, depois da morte de Machado, está contida no discurso pronunciado por Alcindo Guanabara, propondo à Câmara que se fizesse representar no enterro.

"Ninguém como ele", dizia o orador, "afirmou na obra literária a sua individualidade e a nossa nacionalidade. Antes dele, contemporaneamente com ele, Gonçalves Dias e José de Alencar falavam do Brasil, mas do Brasil que nós não conhecemos, de um Brasil pré-histórico, do Brasil dos selvagens romantizados e poetizados, que é, para nós outros, quase um Brasil de ficção. Machado de Assis disse de sua gente, de seu tempo e de seu meio. O seu campo de atividade foi a sociedade em que vivemos. Não tinha imaginação ou não se servia dela; falava como filósofo, como anotador, como crítico. Ele era calmo, um retraído, um tímido, e, não obstante, foi considerável e intensa a sua influência sobre as classes cultas da sociedade... Tinha um estilo seu, próprio, singular, único na nossa e quiçá, em alheias línguas. Não sei se direi demais dizendo que tinha, ou que fizera, uma língua nova, que novo, ou pelo menos inconfundível era o português que tratava. Era um irônico, de uma ironia que não era, nem se parecia, com l'esprit dos franceses nem o humour dos ingleses; uma ironia que superava a de Sterne ou de Xavier de Maistre e dir-se-ia filha da de Anatole France, se não houvera precedido. Original e único, era um filósofo, um comentador, um crítico e um analista — analista das coisas e dos homens, das almas e dos costumes, dos indivíduos e do meio, das paixões e dos pequenos vícios. Não tinha o sarcasmo dissolvente, mas um doce e benévolo ceticismo."[1]

Dentro do limites circunstanciais e embora a largos traços, o que aí aparece é a imagem do Machado anatoleano, devida principalmente à crítica de José Veríssimo, é o seu "pessimismo conformado e indulgente", a sua "nativa ironia e a sua desabusada visão das coisas". Será esse um dos Machados mais perduráveis, espécie de versão oficial ou média das opiniões correntes, será, se quiserem, o seu medalhão, esse medalhão que é o destino comum de todos os grandes

---

[1]Alcindo Guanabara: "Discurso", *A Imprensa*, Rio, 1-10-1908; *Jornal do Commercio*, Rio, 1-10-1908.

espíritos, moeda de troco miúdo em que a efígie simplificada facilmente faz esquecer a complexidade viva e irredutível do modelo.

Encontraremos, no decorrer da história das suas interpretações, com algumas variantes, a mesma tendência a edulcorar esse espírito sombrio que escreveu as páginas mais amargas da nossa literatura. No dia do enterro, é a mesma imagem que as palavras de Rui Barbosa evocam diante da essa: "A dor lhe aflorava ligeiramente nos lábios, lhe roçava ao de leve a pena, lhe reçumava sem azedume das obras, num cepticismo entremeio de timidez e desconfiança, de indulgência e receio, com os seus toques de malícia a sorrirem, de quando em quando, sem maldade, por entre as dúvidas e as tristezas do artista..."[2]

Devemos descontar as precauções inevitáveis neste gênero de oratória: o elogio fúnebre. Ninguém que se preze fará verdadeira crítica à beira de um túmulo; ninguém teria a coragem de afirmar que ele se encaminhara pausado e trôpego para a terra do nunca mais, como quem se retira tarde do espetáculo, tarde e aborrecido. "Vós que o conhecestes, meus senhores, vós podeis dizer comigo que a natureza parece estar chorando a perda irreparável de um dos mais belos caracteres que tem honrado a humanidade. Este ar sombrio, estas gotas do céu, aquelas nuvens escuras que cobrem o azul como um crepe funéreo, tudo é a dor crua e má

---

[2]Rui Barbosa: "Discurso", *Correio da Manhã*, Rio, 2-10-1908; *A Imprensa*, Rio, 2-10-1908; *Jornal do Brasil*, 2-10-1908; *Jornal do Commercio*, Rio, 2-10-1908; *O País*, Rio, 2-10-1908.

que lhe rói à natureza as mais íntimas entranhas; tudo isso é um sublime louvor ao nosso ilustre finado."

O resto em *Brás Cubas*...

Desejaria neste caso poder limpar o desenho animado de suas impurezas caricatas, para aplicá-lo como expressão direta ou simples sugestão destas aventuras da crítica interpretativa. Assim, veríamos a imagem de Machado em projeção de movimento no tempo, mudando de fisionomia e de porte, conforme a importância e o sentido que lhe atribuem os seus intérpretes; espetáculo acidentado às vezes, se considerarmos que nele também cabem os juízos mais desdenhosos: "escritor correto e diminuído", na opinião de Raul Pompéia, ou "mulato que escrevia de cócoras com uma pena de pato", como sentenciou Martins Fontes.

Mas é melhor reconstituir a cena com as muletas da imaginação. Logo depois do falecimento, que se deu às três e quarenta da madrugada de 29 de setembro, com a assistência do dr. Artur Andrade, foi o corpo colocado na sala da frente. Mais tarde, os doutores Afrânio Peixoto e Alfredo de Andrade preparavam o cadáver com formol, a fim de ser conservado até o dia do enterro. Às sete e meia da noite transportou-se o caixão para o edifício do Silogeu Brasileiro, armada a sala da secretaria em câmara ardente.

A Exposição Nacional abrira os pavilhões aos visitantes de todo o país, registrando-se um movimento de 160 automóveis e carros na batalha de *confetti*. Para a série de novos concertos, anunciara-se em primeira audição *Cortejo e ária de dança*, de Debussy. Na Praça Tiradentes, o Teatro Moulin Rouge atraía os curiosos com a picante novidade do cinematógrafo alegre, fitas gênero livre. Um mocinho de olhos castanhos e sonhadores, chamado Astrogildo Pereira, relia o artigo de Euclides da Cunha, reproduzido por incorreções no *Jornal do Commercio*.[3] Entre os canteiros da Praça da Glória, a estátua do Visconde do Rio Branco parecia ainda ouvir com ouvidos de pedra o hino cantado pelas alunas do Instituto Profissional, em comemoração ao vigésimo oitavo aniversário da Lei do Ventre Livre. De ordem do ministro da Justiça, o oficial de gabinete foi à residência do morto ilustre, para apresentar pêsames e comunicar que os funerais seriam feitos por conta do Estado. O Sr. José Veríssimo, professor da Escola Normal, depois de algumas palavras sentidas endereçadas às suas alunas, suspende a aula, em homenagem ao maior escritor contemporâneo. Lá no outro lado do Atlântico, em New Castle, embandeirado de popa a proa, o encouraçado *Minas Gerais* fora lançado ao mar. O caso da Casablanca, a revolução persa e o cólera-morbo, de envolta com os distúrbios de São Petersburgo, agitavam-se nas entranhas fecundas de Humanitas. E cá sob o Cruzeiro do Sul, a epidemia de varíola bate em retirada, mas em compensação a greve de Santos, fresca e sensacional, enche o cartaz.

Tudo isto uma vinheta irônica, desenhada ao feitio machadiano, para ilustrar o convite de enterro: "O enterro de Machado de Assis será feito amanhã, às quatro e meia da tarde, por conta do Estado, saindo o féretro da Academia Brasileira de Letras para o cemitério de São João Batista,

---

[3]Euclides da Cunha: "A última visita", *Jornal do Commercio*, Rio, 30-9-1908, reproduzido no dia 1º de outubro, por ter saído com incorreções.

onde será inumado, segundo uma disposição do seu testamento, no mesmo jazigo em que se acha a sua esposa".

Às quatro horas no outro dia, entre crepes, coroas e olhos baixos, as palavras de Rui povoam o silêncio respeitoso, enquanto um cheiro enjoativo de flores murchas erra no ar: "Quando eles atravessam essa passagem do invisível, que os conduz à região da verdade sem mescla, então é que entramos a sentir o começo do seu reino, o reino dos mortos sobre os vivos...".

A imagem do ausente, feita de remendos de recordações e leituras que sobrenadam na memória, una e múltipla, próxima e inatingível, tomou, mas apenas momentaneamente, as feições que lhe empresta a eloqüência do orador, uma fisionomia nasceu, coloriu-se de vida insuflada, a cada adjetivo, o fantasma é criado à imagem e semelhança do modelo interior que o intérprete traduz.

Viverá, todavia, de hoje em diante, da vida que lhe derem. Será uma virtualidade em andamento, ou não será. Porque a verdadeira vida de um escritor é uma sobrevivência, uma ressurreição constante, embora colimitada pelo espírito da obra. Cada leitor, por mais humilde em capacidade de contribuição pessoal, dará um pouco de seu sangue e da sua presença corpórea a essa voz jungida à letra de fôrma. Virão mais tarde os biógrafos esmiuçar a vida do autor, esgaravatando os seus tudos e nadas. Virá a inevitável nosografia. Mas o fundo permanente, o húmus que alimenta a obra, desmancha todos os nossos diagramas. Entre o retrato e o modelo vivo, há uma outra cousa, um não sei quê. Pois bem, nesse erro de aproximação é que reside a garantia do seu renovo.

A sobrevivência de um grande escritor depende do compromisso entre o medalhonismo e a singularidade, é um equilíbrio instável que oscila entre o ser e o deixar de ser e constantemente se desfaz para refazer-se. Formada a primeira imagem na média dos leitores, o trabalho da crítica, mexeriqueira, incorrigível que nada deixa passar em julgado, retoca-a, modifica-a, às vezes a deforma inteiramente, renovando o sentido da obra, porque mudou o ângulo de interesse e são outros os motivos nela contidos que fixam de preferência a atenção dos novos intérpretes.

Mas é preciso convir — sem medalhonismo, não há personalidade que subsista, mantendo-se à tona do tempo. Gide certa vez queixava-se da leviandade com que são rotulados os problemas mais complexos e em geral todos os grandes nomes da filosofia ou da arte. Que remédio? Assim procede inevitavelmente a fama, ela refunde todos os traços complexos ou divergentes num molde comum e vive de cunhar medalhões que a mão da posteridade gastará no uso corrente dos lugares-comuns.

Por isso mesmo, ao intérprete consciencioso incumbe preservar do embotamento essas efígies banalizadas de mão em mão, estudando o que se pode chamar neste caso, com legítima oportunidade, o reverso da medalha.

Assim, também existe um Machado de Assis oficial, especialmente destinado a refletir os sentimentos médios e as opiniões policiadas, a que se presta muito, aliás, toda uma vertente da sua personalidade, o seu academicismo, sua carreira de funcionário modelar, sua honesta ascensão de homem do povo. E não obstante, a obra que deixou, de superfície tão lisa e polida, é pura profundidade; sua *mensagem*, que parece conformar-se ironicamente com o fluxo e refluxo das aparências, abre a cada passo um vazio de interrogações insaciáveis aos pés do intérprete. Tudo nele indica um outro lado das cousas, uma porta fechada sobre o desconhecido. Foi quando muito um cantinho de experiência que pôs nos seus livros, vidinhas conhecidas, tipos do dia-a-dia, a medíocre matéria humana que se poderia esperar de um homem que nunca viajou senão à roda dos seus hábitos: durante muito tempo, da repartição para casa e do Garnier para o Cosme Velho. Mas não se mede a qualidade da experiência pela volta ao mundo, e há milionários do ar que não passam de mendigos.

Cabe aqui, como luva, o admirável comentário de Carlos de Laet, em artigo publicado nessa mesma quinta-feira, admirável pela intuição dessa riqueza qualitativa que se desprende da limitada experiência machadiana. Observa Laet: "Sabe-se que os termômetros comuns podem marcar desde os grandes frios, mais gélidos ainda que o próprio gelo, até à cálida temperatura em que a água se faz vapor; mas, por perfeita que seja a graduação, só aproximativas se revelam as indicações do instrumento. Nos extremos, então, muito é possível errar a observação termométrica. Quando, porém, para as temperaturas médias, dos aposentos ou dos corpos humanos, a coluna está preparada de modo que só funciona entre próximos limites, não é difícil apanhar com justeza diferenças mínimas, em décimos de grau. O termômetro estético do nosso Machado era um desses aparelhos de precisão, impróprio para as temperaturas violentas das paixões, mas admiravelmente calibrado para indicar e traduzir, com máxima exação, toda a gama das modalidades psíquicas entre dados limites, que aliás são os comuns na vida social".[4]

É verdade que Laet, a exemplo dos outros críticos, restringiu em demasia o alcance psicológico do instrumento humano de precisão que foi Machado. Por enquanto, é só a máscara do ironista fino e castigado que se impõe à atenção dos primeiros intérpretes. A crosta das aparências pede bons dentes. Toda a obra literária também participa da fatalidade de dissimulação que se postula com o simples exercício da arte: sob o símbolo nasce outra cousa, que é preciso decifrar.

Por enquanto, há um morto ilustre, e pairando sobre o caixão, acompanhando a carreta do Ministério da Guerra, puxada pelos alunos das escolas superiores, o seu fantasma incerto, projetado no tempo, colcha de retalhos na memória dos vivos, segue passo a passo o cortejo fúnebre.

Bilac, com aquele extraordinário talento para colher em todas as cousas a chave de ouro, não perdeu o belo fecho de crônica: "O féretro do Mestre amado foi para o cemitério arrastado numa onde de amor, oscilando sobre o vasto coração palpitante do Rio de Janeiro. À frente, as bandeiras das escolas, os pendões dos moços tremiam e arfavam como grandes asas luminosas; e o rumor que as rodas da carreta arrancavam das pedras das ruas era como o soluço da terra carioca".[5]

---

[4]Carlos de Laet: "Machado de Assis", *Jornal do Brasil*, Rio, 1-10-1908.
[5]O [lavo] B [ilac]: "Crônica", *Gazeta de Notícias*, Rio, 4-10-1908.

Ora a ausência, eis a única verdade imediata que nos deixa a morte: verificamos que uma pessoa, chamada João ou Maria, tão cedo não volta a este mundo aparente.

Mas a vida é teimosa. Se ainda parece tímido e indeciso o poder de evocação que há num pobre retrato melancolicamente pendurado à parede (o defunto quer sair da moldura para revelar um segredo importante que os homens esqueceram), uma simples carta, algumas palavras escritas num papel amarelecido, reconstituindo a voz do ausente, trazem até nós todo o sentido vivo do momento que se fixou e atingem, afinal, a sugestão da presença direta. E se a voz do morto perdura em páginas impressas, se é em letra de fôrma que ela vem até nós, como a mensagem de uma vida completa a evolver ainda no tempo, então é que sentimos a força de evocação que o livro pode ter, o livro que é sempre uma forma de magia evocativa e um modo sutil de burlar a lei da morte, enganando o estômago do olvido.

No cemitério das bibliotecas, basta levantar a lápide, e salta do fundo da cova o autor esperto e redivivo, com a mesma fome de vida, a cor da esperança nos olhos abertos e o incontido desejo humano de criar um círculo de atenção em torno da sua palavra. O silêncio pode ser de ouro, mas a tagarelice rabelaisiana supera séculos de esquecimento para chegar até hoje e povoar de ecos alegres a solidão dos gabinetes.

Por menos que acredite no destino da sua obra, há por isso, no fundo do sujeito inquieto que enche folhas de papel com ágeis palavras impregnadas do seu sonho mais recôndito, uma vaga esperança de sobreviver na memória dos futuros leitores. Viver! diz a cada passo a sua intenção oculta, muito embora apenas na esmola de atenção que os outros possam dar momentaneamente a estas páginas. É em vão que ele pressente a vaidade ingênua de confiar ao papel alguns farrapos de confidências. "Folhas misérrimas do meu cipreste", escreveu Machado de Assis, "heis de cair, como quaisquer outras belas e vistosas." Por que escrevê-lo então? Por que repetir do fundo da cova que as folhas caem, senão para viver ainda, seja ao verde brotar ou ao triste cair das folhas?

Acontece então, quando a obra resiste ao dente do tempo, que a presença do morto, mesmo assim condicionada ao fator subjetivo da leitura, e talvez por isso mesmo, por já não ser necessário distinguir entre o autor e o homem, adquire um prestígio de coerência que nem sempre se observa no comércio direto. Entre o fantasma em carne e osso e o espírito vivíssimo que circula no texto, como hesitar então?

Pouco importa esse cortejo que aí vai pela Rua Marquês de Abrantes, rumo ao cemitério São João Batista. É dentro de nós mesmos que os homens morrem ou renascem. No carneiro 1359 há um lugar definitivo à espera de Machado de Assis. Tanto melhor: começou agora mesmo a sua vida.

Preto & branco

EÇA

"Escritor sem mistério", dizia Graça Aranha. Mas, pensando bem, por que pedir mistério a torto e a direito? Um pouco de clareza não faz mal a ninguém.

Ora, o grande, o maior encanto de Eça está justamente nos seus limites, em ter sido assim, apenas uma objetividade nítida, retocada de ironia. Quem vai à estante para tirar de lá um volume qualquer desse gaiato de monóculo, tão sisudo no fundo, com a sua careta um tanto azeda, a dentuça graúda, pronta para trincar o ridículo das coisas, andará bem avisado, em repetir com paciência e sotaque:

> Pilriteiro, dás pilritos,
> Por que não dás coisa boa?
> Cada um dá o que tem,
> Conforme a sua pessoa.

Não digo que Eça dê pilritos, nem mesmo afirmo que o pilrito não é boa coisa; digo que para cada coisa há razão e lugar neste mundo, que há de ser claro ou confuso, misterioso ou quadrado, reticente ou afirmativo. Há tempo até — e mesmo necessidade higiênica — de corrigir o pedantismo, sob qualquer forma, com dois ou três piparotes de bom humor frívolo. É bom temperar o moderno pedantismo da complexidade estética e psicológica, por exemplo, com uma cura de pachorra nos clássicos.

Existe uma técnica de compreensão relativa, que é uma das conquistas mais preciosas da crítica moderna; para cada autor, um modo de abordá-lo sem exigência descabida. Nunca pedir mistério ao Eça, equilíbrio a Camilo e outros absurdos. É a grande vantagem de possuir em casa, à nossa disposição, almas já depuradas e encadernadas, reduzidas a uma aparente continuidade lógica, sob um rótulo.

Tudo em Eça é modelado sobre o imediato, o palpável, o concreto. Feita a prova da leitura em voz alta, logo sentimos como a sua frase é quando muito abstração de estilo para ainda mais reforçar a sugestão de uma realidade sem segundas intenções. Pode a obra encostar-se a uma tese, para tomar impulso, e sabemos, pelo testemunho da correspondência e da biografia, que ele pertence à família inquieta de Balzac, esse comilão de teses. Mas a importância da sua arte está no desenho limpo, que se basta a si mesmo, fixando a atenção em cada detalhe; e o seu lado forte é precisamente uma fraqueza da abstração — a caricatura.

Penso que é preciso estabelecer distinção entre as intenções que animam o romancista, ao formular o plano da obra, inclusive os reagentes de simpatia e antipatia — toda a parte, enfim, de idéias preconcebidas que concorrem para a propulsão da obra, imprimindo-lhe determinado rumo intencional — e as conseqüências da elaboração, depois de filtradas pelo temperamento e reduzidas ao denominador pessoal do autor. Produto da colaboração de diversos estados emotivos, submetido à lei das intermitências, com pausas necessárias, tropeços e emendas, a obra literária, se tem vida própria, transcende qualquer esquema ou projeto original para transformar-se numa unidade nova e às vezes imprevista. O demônio da arte, que é um diabo arbitrário e presunçoso, presta uma atenção frouxa e distraída às nossas boas intenções e não gosta de submeter-se à pauta conceitual.

Gosto é gosto, como diria o Conselheiro, e podemos cultivar de preferência na obra de Eça os momentos em que transparece a preocupação doutrinária; parece-me evidente o seu fraco pelo socialismo e a tendência para escorar cada romance com o forte esteio de uma tese à boa moda naturalista. Resta saber se é fundamental como valor de síntese crítica esse pendor ideológico apontado por alguns intérpretes — e é aí que a dúvida entra a coçar o queixo.

No bom, no simples, no saboroso Eça, o mediato da "mensagem" é quase sempre traduzido em termos de volúpia verbal tão intensa e de tanta sensualidade plástica, que a severa Tese, assim rodeada de belas frases, parece a tia Patrocínio perdida entre as filhas de Sião...

O que Machado então lhe reprochava, como elemento perturbador na construção moral do *Primo Basílio* — "a fatalidade das obras do Sr. Eça de Queirós, ou, noutros termos, do seu realismo sem condescendência... a sensação física" — embora noutro sentido, vem acentuar a mesma divergência entre as intenções da tese e o tom que o autor adotou para traduzi-las em ficção. Dizia Machado: "Os que de boa fé supõem defender o livro, dizendo que podia ser expurgado de algumas cenas, para só ficar o pensamento moral ou social que o engendrou, esquecem ou não reparam que isso é justamente a medula da composição. Há episódios mais crus do que outros. Que importa eliminá-los? Não poderíamos eliminar o tom do livro. Ora, o tom é espetáculo dos ardores, exigências e perversões físicas".

Não vem ao caso o pudor do crítico: é preciso mostrar que, dentro da fatalidade desses limites — a sensação física — estão contidas as suas virtudes necessárias e fecundas como criador de novas sugestões na arte da novela portuguesa. Não vejo de modo algum no honesto Eça apenas o tom dos ardores, exigências e perversões físicas; o que prevalece na sua obra é uma sensualidade de artista que põe todas as coisas em evidência ao claro sol da verdade.

A sensualidade é a arte de cultivar o momento que passa, de ficar no presente, no imediato; a sensualidade é também questão de pele, quando muito, de mucosa — de qualquer modo, uma coisa superficial. Daí a sua falta de profundidade moral, a pobreza psicológica dos seus romances, a ausência completa de penumbra sugestiva e daquele segundo texto sem letra de fôrma, feito de entrelinha e reticência, de brancos de página e cochicho interior, que é, por exemplo, o grande recurso de Machado de Assis. Mas, por isso mesmo e de outro lado, a riqueza extensa dos seus quadros, a sintonia fácil, a graça voluptuosa, a caricatura nítida, o dom meridional da fluência e da mímica, disfarçado em disciplina de estilo, a frase redonda que enche a boca e é tão gostosa, de tal modo se basta a si mesma, que o sentido profundo quase que se volatiliza e passa a um plano secundário...

Pisa firme no seu terreno — a descrição dos ambientes, a minúcia expressiva, as paisagens admiráveis, o ridículo exterior ou plástico, facilmente traduzido em caricatura (raramente lhe aparece o terrível ridículo essencial que se confunde com o drama da nossa condição), a simplificação satírica e às vezes bem pouco humana de certas personagens, a satisfação mordaz de provocar o riso, cedendo ao prurido da anedota de todos os modos, a ponto de transformar em romance uma anedota de gosto duvidoso, como em *A relíquia.*

Sob a urgente pressão da veia cômica, que é uma das formas da sua intemperança imaginativa, cai às vezes, como o Flaubert de *Bouvard et Pécuchet,* na monotonia do grotesco, pois até o ridículo tem os seus limites, pelo menos quanto à dosagem dos seus efeitos na obra literária — e sentimos que se repetem um pouco os abades que arrotam com estrondo, os inumeráveis Acácios e Gouvarinhos, nem sempre desenhados com o escrúpulo da verossimilhança, virtude que ele prezava tanto no escritor de ficção. Será necessário acrescentar que positivamente abusa dos flatos e da morte por apoplexia?

Mas isto são picuinhas de leitor amigo, que desejaria perfeito o autor muito lido e logo se irrita quando os outros apontam no velho mestre aqueles mesmos defeitos que só a si mesmo confessa em voz baixa...

•

A observação de Graça Aranha, textualmente: "artista sem mistério e sem cultura", acaba de encontrar no livro de João Gaspar Simões uma refutação serena, uma dessas inesperadas refutações que a glosa da crítica, ao retocar o retrato de um grande autor muito lido e relido, costuma proporcionar de vez em quando aos curiosos de sua história literária.

Com tranqüila ironia e por simples dever de eqüidade, deixemos de quarentena o segundo termo da proposição, paradoxal no mau sentido; parece-me leviano, quando aplicado ao homem que levou uma vida inteira podando a exuberância da sua fantasia, sofrendo os ímpetos de um impressionismo fácil com a busca de uma forma, de um estilo, de uma expressão individual de cultura. Tão expressivo neste ponto, como síntese, que, a contar da sua influência, a prosa portuguesa acorda um belo dia mais plástica e mais leve, mais desemperrada para a ficção e rica em matizes, apesar da aparente pobreza vocabular; apesar também daquele examinador dos meus bons tempos de preparatórios, que dizia escandalizado a um colega bastante atrevido ou atarantado para catar exemplos em *A relíquia*:

— Ora, o Eça, um gálico!

A par de uma rara frescura sensorial, existe nele — e esse contraste explica muita coisa — uma tendência constante para a autocrítica, manifestada em preocupações de imparcialidade estética, aprendidas na escola do seu mestre Flaubert.

Pressentimos que nem tudo em Eça é o puro Eça normal, tão aderente às coisas; não escapa, afinal, da grande doença do nosso tempo: o criticismo crônico, e avanço com timidez a observação, sugerida pelos seguintes reparos de Fidelino de Figueiredo, quando abre o seu admirável ensaio de filosofia da literatura: "Os românticos sofriam da doença da poesia — que é uma inadaptação criadora de fantasmas; e nós sofremos da doença do criticismo — que é uma inadaptação criadora de juízos".[1]

Nada mais oportuno. Se ficarmos dentro das fronteiras do romance, podemos afirmar que a atitude criticista moderna já está prefigurada no *Dom Quixote*, pai de todos, mais tarde vai manifestar-se claramente nas obras representativas do século XVIII, o *Tom Jones* marcando a escala principal, e em Balzac se apresenta com programa definido e consciente: o prefácio da *Comédia humana*, antecipação do ideário naturalista. O herói desse memorável *Avant-propos* não é Walter Scott, é Geoffroy Saint-Hilaire.

•

Parece-me que a contenção do criticismo tomou duas feições distintas em Eça de Queirós; a autocrítica literária é a mais rotineira, e ainda neste ponto ele se apresenta como versão portuguesa de Flaubert; a outra, a mais importante, pois assume um sentido psicológico e corresponde à mais aguçada atitude criticista, é uma espécie de timidez, ou incerteza de juízo e sentimentos diante da vida, talvez mesmo

---

[1]V. *A luta pela expressão. Prolegômenos para uma filosofia da literatura*, Coimbra, Editorial Nobel, 1944.

a consciência de uma vontade fraca, sujeita ao vaivém das circunstâncias. Eça e Carlos da Maia, Gonçalo Mendes Ramires e o Raposão arrependido — e inverossímil — da parte final de *A relíquia* são talvez personagens em que algo se reflete do próprio Eça irresoluto, de natureza plástica e sugestionável.

Do ponto de vista negativo, o pendor autocrítico levou-o às vezes a duvidar dos seus recursos, prejudicando o primeiro jato da sua inventiva, que era rica e generosa, com emendas ou cortes inoportunos, movidos apenas pela admiração que votava aos ídolos do momento. Veja-se, por exemplo, como alterou, nem sempre para melhor, certos passos descritivos de *O crime do padre Amaro*, sugestionado por situações semelhantes de *La faute de l'Abbé Mouret* (v. José Pereira Tavares, "O crime do padre Amaro — Influência de Zola", in *Ocidente*, vol. 25, n. 83, 1945, p. 170). Bem sei que isto é uma prova a mais da sua modéstia, aquela escrupulosa modéstia, espécie de pudor dos fortes, que sempre surpreende e encanta num grande escritor; resta o consolo de saber, com a mais serena das certezas, que *O crime do padre Amaro* é uma obra-prima e *La faute de l'Abbé Mouret* um idílio de mau gosto, cheirando a falsa obra-prima.

Mais perniciosa ainda que a influência do naturalismo literário de Zola, como observa Antônio Sérgio, foi a de Ramalho Ortigão e seu naturalismo filosófico. Eça, homem de muito nervo e pouco músculo, vivia fascinado pela "ramalhal figura", um dos seus modelos para o mito de Fradique, esse fantoche das quintessências e aborto de todas as perfeições. Infelizmente, a influência ramalhal não se restringia ao modo de vestir e de polemizar; o sangüíneo Ortigão filosofava com toda a fibra do organismo, e ao magro Eça lhe parecia sublime aquela filosofia, feita de banhos frios, ginástica e halteres.

•

Debaixo do perfil agudo que a tradição literária nos legou, simplificando os traços compleicionais e apagando as divergências — como a borracha apaga os vestígios do lápis, para só deixar a nitidez do risco passado a limpo —, com alguma atenção podemos recompor os esboços de outro, e outro, e mais outro Eça, nem sempre inteiramente superados pelo Eça definitivo; por exemplo, o romântico, apesar de controlado pelo admirador incondicional de Zola, esperneou até o fim, até o fim gorjeou a sua canção ou proclamou o seu hugoanismo humanitário, arranjado em socialismo.

Álvaro Lins já havia apontado em seu ensaio — que não vejo, aliás, mencionado no grosso volume do crítico português — alguns destes aspectos menos conhecidos, especialmente no "episódio Fradique", um dos melhores capítulos do livro; para completá-lo, quanto à parte documental, sobretudo como indicação de nova pista para a pesquisa das influências, basta recomendar ao leitor curioso o estudo de Gerald Moser, intitulado: *O mito de Fradique Mendes — Eça e Doudan*, menos a extravagância de incluir a *Correspondência* entre os monumentos da epistolografia portuguesa.

João Gaspar Simões, completando a "história literária" com a interpretação psicológica, conseguiu revelar, sob o

Eça convencional da tradição, um tanto esguio e primário, o Eça vivo e por isso mesmo contraditório, isto é, os dois ou três Eças que ele próprio tentará abafar sob o regime estético, a pão e água, de acordo com a dura regra monástica de Flaubert, ingenuamente confidencial na sua abstinência de lirismo.

Desses dois ou três perfis virtuais que imaginamos distinguir na personalidade do grande escritor, sem prejuízo da sua forte estrutura, o menos atraente me parece o do Queirós metido na pele de Fradique Mendes, a deleitar-se em fradiquices, como um Narciso barato que se remira no bico das suas botas de polimento. Esse pisaflores da epistolografia, que escreve cartas a si mesmo diante do espelho, às vezes chega a parecer quase incompatível com o genuíno Eça, tão sensato e humano.

Fradique deveria igualmente resumir a essência do seu criticismo; já o disse, porém, Antônio Sérgio, com sua cortante sinceridade: "Creio que esse caso de apresentar o Fradique como um pensador profundo e ao mesmo tempo as cartas dele, escritas pelo próprio Eça — é o único em que a este lhe faltou 'espírito', humorismo, sensatez e autocrítica".

O caso Fradique é para o meu gosto um dos fenômenos literários mais curiosos de todos os tempos. Eça de Queirós lhe atribuía mil e uma virtudes, queria fabricar, com o novo mito, a síntese de todas as perfeições imagináveis; e saiu-lhe o tiro pela culatra. Sem a menor dúvida, Fradique é a síntese lamentável de todas as qualidades inferiores, de todos os defeitos e verrugas e fraquezas do irrequieto Eça e seu grupo, a começar por um resquício de esnobismo, que ele jamais conseguiu sopitar. Empastado de tinta, lembra certos retratos em que o artista, perdido o tino e ultrapassada a linha justa do equilíbrio, não acaba de acrescentar novos retoques, tornando o quadro cada vez mais vistoso e postiço; poderia trazer como indicação de catálogo: *retrato de um nouveau riche da cultura*. Mesmo como realização de estilo, em que pese a opinião de muita gente boa, é aí, nessa enjoativa acumulação de requintes, que se encontra o defeito das grandes qualidades do mestre. Falha formal que corresponde a uma inconsistência psicológica na concepção da personagem, verdadeiro sorvedouro de adjetivos inúteis, como observou Álvaro Lins:

"Dessa análise o que ressalta — repito — é que Fradique não tem uma individualidade. Por mais que Eça o enriqueça de adjetivos e de qualidades vê-se depois que os adjetivos e as qualidades caem sobre um ser abstrato. Ficam um pouco no ar, podendo ligar-se a Fradique como a qualquer outra figura convencional... Que pena que Fradique não seja, ao menos, um simples personagem de romance... Sendo Eça, sendo os amigos de Eça, sendo um ideal fantástico de Eça, um ideal da mocidade, sendo tantos seres reais e abstratos — Fradique nem sequer permanece Fradique. É como um espírito... E na circunstância de não ser um 'homem' ou um 'personagem' mas um 'espírito' é que reside toda a sua precariedade."

.

Tudo isto, bem remoído, apenas serve para confirmar a simplicidade fundamental deste filho de um século complexo, a debater-se com a dilacerada herança do humanismo; há nele, para servir de antídoto ao criticismo, a saúde da ação, a extroversão na disciplina construtiva da obra. Romancista e nada mais. Ele próprio, sempre tão fino autocrítico e tão consciente de suas falhas, como criador de arte, confessava: "Pobre de mim — nunca poderei dar a sublime nota da realidade eterna como o divino Balzac, ou a nota justa da realidade transitória, como o grande Flaubert!... Não me falta o processo: tenho-o, superior a Balzac e Zola e *tutti quanti*. Falta-me qualquer *coisinha lá dentro*, a pequena vibração cerebral".

Mas foi da sua própria limitação, concentrada e cultivada, que Eça de Queirós soube extrair a seiva de criador. Se é exclusivamente plástico o espírito que anima a sua obra, se não soube cultivar o romance psicológico, aventurando-se em outros rumos, dando "mistério" aos que pedem mistério, poderá de outro lado apresentar-se ele mesmo como um verdadeiro exemplo do mistério da arte, que de tudo sabe tirar partido.

À sombra da estante

O MUNDO DA LUA

Em seu estudo *Rousseau and Romanticism*[1], sugeria Irving Babbitt uma pesquisa especial sobre a influência da lua em Chateaubriand e Coleridge; tome-se isto, bem entendido, como simples sugestão de tópica literária, por mais interessante que possa parecer um Chateaubriand lunático, ou um Coleridge envenenado pelos amavios da madrinha lua.[2]

Já em Brockes aparece o tema do luar, de sabor pré-romântico, sugerido talvez pelas suas leituras e traduções de Thompson. Penso não só no poema de cristalina e ingênua poesia, intitulado *Mondschein*, uma das obras-primas da paisagem refletida, mas naquela contemplação extática do luar nas cerejeiras florescidas; em termos pitorescos, parece-me um estudo dos valores do branco, digno do comentário de Ruskin, e muito próximo do Marcel Proust enlevado pelos espinheiros em flor.

O tema romântico do luar pode ser considerado um verdadeiro clima poético e encontra em Shelley sua definição mais expressiva:

---

[1] Boston, 1919.

[2] V. também o estudo de Robert Penn Warren em *The Rime of the Ancient Mariner*, na ed. il. de Reynal & Hitchcock, Nova York, 1946.

> Some world
> Where music and moonlight and feeling
> Are one...

Remontando até a Antigüidade clássica, aliás, desenterra-se mais de um bom exemplo digno de figurar no Cancioneiro da Lua, inclusive modelos colhidos na tradição folclórica. Prefiro repetir com o nosso poeta, para mostrar a persistência do *topos* romântico:

> Dei-me ao relento, num mar de lua,
> Banhos de lua, que fazem mal...

O poema de Raimundo Correia marcaria certamente um dos momentos mais vivos da coletânea, sendo também um dos raros momentos de efusão mágica na sua poesia. O poeta procura fixar duas impressões dominantes no espírito do leitor: da claridade da lua, que apresenta classicamente como argêntea ("argênteo fluxo, disco argênteo, raios de prata"), ou branca ("visão branca, alva sereia, lividez"), de onde extrai uma impressão de frio, anunciada logo na primeira quadra:

> Luz entre as franças, fria e silente...

mas reforçada naqueles versos, que são um fino e profundo arrepio, e um dos melhores exemplos de transmutação das sensações visuais em sensações térmicas:

Tantos serenos tão doentios,
Friagens tantas padeci eu;
Chuva de raios de prata frios
A fronte em brasa me arrefeceu!

Todo o poema decompõe-se em três partes: os malefícios da lua, velho motivo ligado à tradição clássica; a sensação de frio mortal, concentrada nos quatro versos que fazem tiritar; e, enfim, o "deslumbramento" que encerra o poema e introduz, com novo ritmo de retardando, grave e solene, uma espécie de adágio de sonata ao luar:

Há pó de estrelas pelas estradas...
E por estradas enluaradas
Eu sigo às tontas, cego de luz...
Um luar amplo me inunda, e eu ando
Em visionária luz a nadar,
Por toda a parte, louco, arrastando
O largo manto do meu luar...

Como vemos, é o mesmo clima poético definido por Shelley, espraiado nos românticos alemães — Novalis, Tieck, Eichendorff, Brentano —, infiltrado em Poe e no Simbolismo. Teriam lucrado muito os nossos poetas da fase parnasiana com alguns mergulhos nessa luz visionária, o que, no caso de Raimundo Correia, chegou a merecer a aprovação de Osório Duque Estrada!

Mas o luar do meu comentário não é argênteo, nem branco, nem frio; e para retomar o fio do assunto é preciso voltar a Proust e ao segundo volume de *La Prisonnière*, onde o narrador, ao descrever o passeio de carro com Albertina, observa: "Je lui récitai des vers ou des phrases de prose sur le clair de lune, lui montrant comment d'argenté qu'il était autrefois, il était devenu bleu avec Chateaubriand, avec le Victor Hugo d'*Eviradnus* et de la *Fête chez Thérèse*, pour redevenir jaune et métallique avec Baudelaire et Leconte de Lisle". Refere-se Proust à famosa paisagem noturna das solidões do Novo Mundo, que Chateaubriand, como bom oficial de ofício, remodelou várias vezes; conheço pelo menos três versões, a do *Essai sur les Révolutions*, outra já mais concisa no *Gênio do cristianismo*, onde foi concluída entre as "perspectivas da natureza", e finalmente uma terceira, reduzida a poucas linhas, no primeiro volume das *Memórias*. São os vestígios de uma luta incessante entre o colorista e romântico e o escritor cioso de equilíbrio e concisão; a última não passa de um resto mutilado.

Já na primeira versão, escrita durante o exílio na Inglaterra, aparece o "luar azul": "Le jour cérulléen et velouté de la lune..." E este "cerúleo", adjetivo um tanto precioso da primeira redação, mais frouxa e longa, foi substituído por "azulado": "Le jour bleuâtre et velouté de la lune..." Várias frases foram suprimidas.

Em *Eviradnus*, de Victor Hugo, repete-se o mesmo efeito de cor:

> La mélodie encor quelques instants se traine
> Sous les arbres bleus par la lune sereine.

E em *La fête chez Thérèse* o luar é francamente azul:

Le clair de lune bleu qui baignait l'horizon...

Mas a contar de Hugo já é possível apontar a influência direta e inevitável da pintura sobre a poesia. Louis Hourticq, no estudo intitulado *L'Art et la Littérature*,[3] estende essa influência a todo um setor da literatura francesa do século passado. Museus e galerias de arte impregnaram o espírito de Hugo, Michelet, Balzac, Baudelaire, Flaubert, Gautier e outros, de imagens evocativas, sugestões de ambientes, personagens e descrições pitorescas. Às vezes o poema revela, por transparência alusiva, a visão característica de um mestre da pintura: Velasquez transparece em *La rose de l'Infante*, por exemplo, e Watteau em *La fête chez Thérèse*; as *Orientais* lembram claramente Delacroix, e antes da exaltação na história ou na poesia, Gros, Raffet, Charlet haviam criado uma atmosfera lendária e épica propícia à evocação da grande aventura napoleônica; Gavroche avulta na *Barricada* de Delacroix, antes de figurar nas páginas dos *Miseráveis*; Géricault e Daumier forneceram modelos de realismo visionário a Balzac; com a *Batalha de Aix* e *Judite e Holofernes*, Decamps e Vernet sugeriram a Flaubert a *Batalha de Macar* e a cena da tenda em *Salambô*; o animalista que há em Leconte de Lisle deve muito a Barye, e eis mais um traço de união entre o Parnasianismo e as artes plásticas; o próprio Renan foi buscar nos "prêmios de Roma" incitamen-

---

[3]Flammarion, 1946.

tos para a reconstituição de ambientes antigos, nas *Origens do cristianismo.*

Na verdade, estamos longe da pureza clássica da arte literária, e a dois passos da confusão dos gêneros. O luar dos românticos ainda era um "estado de alma", um luar interior, como o definiu Shelley; com os parnasianos, transformou-se em motivo de pintura, ou alusão à pintura. Por mais estranho que pareça, foram os próprios excessos da confusão dos gêneros que provocaram uma reação de equilíbrio, depois do paroxismo dessa confusão, no surto de imitação musical do Simbolismo.

E ainda são os mesmos versos de Shelley que eu lembraria aqui, para caracterizar essa tentativa de traduzir em música a poesia, que era o Simbolismo:

> Some world
> Where music and moonlight and feeling
> Are one...

Preto & branco

NOTA SOBRE EUCLIDES DA CUNHA

Mais que a obra de muitos poetas, este simples título — *Os sertões* — respira a magia da nossa adolescência, e hoje ainda, não podemos reabrir o grande livro que nasceu e cresceu com a nossa geração, sem uma vaga impressão de saudade. Como um bom vaqueano dos seus encantos, vamos logo a uma página querida, a um trecho fiel que espera por nós, intacto, a alguns períodos cantantes, que são caminhos desandados no rumo dos verdes anos. Grata é a aventura de reler quando, ao fim de algumas páginas, a atenção começa a notar que não vai escoteira: acompanha-a de vez em quando a sombra das recordações.

Mas a obrigação de reler com olhos de crítico não se compadece com aquela passividade desarmada e afetiva, e o melhor meio de admirar mal um grande escritor é enfumaçá-lo mais uma vez com o incenso do elogio barato, em vez de queimar as pestanas no humilde estudo da obra que deixou.

·

O que logo ressalta, no estilo de *Os sertões*, é certa dissociação entre os propósitos de objetividade científica e a crispatura, o ardor, o frêmito da frase nervosa, a intumescência lírica do período, em contraste com a atitude que o autor pretende manter, de médico-sociólogo, a examinar com a maior exação um determinado problema de quadro clínico: o paciente, neste caso, é a República e a doença é o fanatismo de Canudos. A famosa frase final, destacada em capítulo, mostra claramente a sua fidelidade àqueles propósitos e pode, ao mesmo tempo, servir de epígrafe ao livro, mais que a citação inicial de Taine e algumas referências ocasionais ao seu tão admirado Gumplowicz, pois deixa transparecer o abalo profundamente humano de que partiu toda a obra: viver em espírito de solidariedade a tragédia do interior desvalido, transformando uma simples reportagem na denúncia de um crime coletivo. Nas duas linhas — na linha e meia — desse fecho lapidar, sabendo a doloroso solilóquio, sinto a presença cada vez mais viva de Euclides, sua gravidade reconcentrada e sombria, sua trágica visão das cousas, sua perplexidade diante de um mundo que é possível reduzir a termos de explicação científica, sem lograr com isso uma justificação ou atenuação do absurdo moral que envolve o espetáculo da crueldade e da injustiça: "É que ainda não existe um Maudsley para as loucuras e os crimes das nacionalidades..."

Por este lado é que o sentimos grande: abalado, crispado, comovido, apesar da atitude que a si mesmo se impôs, de observador atento e objetivo, armado de razões científicas, tentando demonstrar num quadro negro não sei que teorema sociológico.

Em vão recorre ao seu Gumplowicz e se arrima a Hobbes, a Taine, a Spencer; em vão procura inteiriçar-se de estoicismo e impassibilidade, fala em *seleção telúrica*, em sobrevivência dos mais aptos, em *força motriz da história*, em esmagamento inevitável das raças fracas pelas raças fortes; em vão se esforça por justificar o atrito dos imperialismos como necessidade fecunda e criadora de novas formas de vida. Em carta a Araripe Júnior, datada de Lorena, 27-2-1903, dizia: "O que sobretudo me impressionou foi o desassombro, a magnífica rebeldia de um espírito em plena insurreição contra o nosso sentimentalismo mal-educado e estéril... Sou um discípulo de Gumplowicz, aparadas todas as arestas duras daquele ferocíssimo gênio saxônico. E admitindo com ele a expansão irresistível do círculo singenético dos povos, é bastante consoladora a idéia de que a absorção final se realize menos à custa da brutalidade guerreira do *Centauro que com patas hípicas escavou o chão medieval*, do que à custa da energia acumulada e do excesso de vida do povo destinado à conquista democrática da terra".[1]

O nervoso, o dispéptico, o *bugre* propenso à melancolia, cedendo àquela compensadora atração do extremo pelo seu oposto, chega a deliciar-se com a leitura da *Strenuous life*, de Teodore Roosevelt,[2] cai às vezes na beatice do progresso, representado então principalmente pelo surto empreendedor do grande capitalismo, que rasga estradas continentais para conquistar novos mercados.[3]

---

[1] V. Francisco Venâncio Filho: *Euclides da Cunha a seus amigos*, Cia. Ed. Nacional,1938, p. 86.

[2] V. o. c., p. 99.

[3] V. *À margem da História*, segunda parte.

Mas, ao lado solar deste Euclides superficial e dinâmico, de aparente euforia, corresponde uma face noturna e mais humana; e essa contradição é fecunda e de grande valor psicológico para a compreensão de sua polaridade temperamental. Sob o Euclides engenheiro, impregnado do espírito positivo da sua época, transparece o Euclides poeta, isto é, um homem de aguda sensibilidade, insaciado e inquieto, sofrendo as cousas na sua carne, com uma vocação insopitável para traduzir em transfiguração superior de vida poética o espetáculo da natureza, da paisagem humana, da visão histórica.

Ao fulgor do seu olhar — aqueles admiráveis olhos de pássaro espantado — ao toque dos seus dedos mágicos — daquelas mãos delicadas e quase femininas, que sentimos tão vibráteis — tudo passa bruscamente de um plano inexpressivo de indiferença e banalidade a uma atmosfera de intensidade, vigor dramático, sopro criador e fecundante. Tudo tem peso e importância para este homem pequenino, de semblante arisco, a encher cadernetas quadriculadas de garatujas microscópicas, *croquis* e cálculos, a armazenar nervosamente o seu tesouro de visões, que mais tarde hão de crescer, desabrochar nos grandes quadros da Bíblia brasileira.

Na aparência de oficial consciencioso do seu ofício, de cerebral e teórico, é um milagre de agilidade intuitiva este engenheirozinho neurastênico, tão preocupado com a resistência da sua ponte, lá num rincão qualquer do nosso imenso mapa, arqueando a sombra sobre as águas barrentas de um dos tantos rios pardos da nossa terra. Pouco importa o pedante que andava a catar vocábulos raros, o escrupuloso *homo faber* aparando bem o lápis e anotando o termo técnico e preciso; que, afinal, esta é a vitória do sonho e da vida interior sobre as ilusões palpáveis das construções materiais: ele projetava e construía, no país do futuro, os arcos de outra ponte mais duradoura.

De tantas imagens que nos sugere a presença dinâmica de um grande escritor, destacamos uma ou outra, mais afeiçoada a preferências pessoais, em que julgamos sentir com mais calor a sua humanidade integral e complexa. A Euclides da Cunha, hoje matéria e forma de bronze e busto, prefiro surpreender num flagrante bem íntimo da sua correspondência, quando escreve a seu amigo Coelho Neto: "Andas escrevendo muito. Três artigos diários! Não te esgota esta dissipação da fantasia e esta caçada exaustiva dos assuntos? Quando voltas para Campinas? Afinal, tive razão... Não devias ter deixado a boa cidade provinciana. Vais fazer de filho pródigo, de talento e de ideais — e como o da Bíblia serás recebido com o melhor carinho daquela gente. Ainda bem. Habituei-me ao Guarujá, ou melhor: o Guarujá comigo — tolera as minhas distrações, o meu ursismo, a minha virtude ferocíssima de monge e de dispéptico, de sorte que passo o melhor das vidas às voltas com gárrulo H. Heine ou com Gumplowicz terrivelmente sorumbático. Ponto. Imagina que ainda estou de botas, e de mala ao lado, e de chapéu à cabeça — com os meus dois pequenos a puxarem-me desesperadamente para a sala de jantar!"

•

Com Euclides da Cunha o vocabulário técnico entra a circular na prosa literária portuguesa com inesperado vigor pessoal, em contraste com a seca terminologia científica de teses e compêndios. O que parecia destinado apenas ao âmbito da linguagem científica, em virtude de uma sensibilidade rica, de uma ardente imaginação criadora, cobra novo calor de incitamento e parece agora falar à fantasia do leitor comum. Termos usadiços na geologia, na geografia humana, na climatologia, outros derivados das ciências naturais e da sociologia, por mais rebarbativos que pareçam, impregnam-se de imprevista eloqüência, fundidos ou arrastados na onda impetuosa de um ritmo original da frase; e tão irresistível era o seu impulso, que o leitor, embora desprevenido e sem a necessária iniciação, não deixava de acompanhar o autor na jornada por trancos e barrancos, talvez um pouco irritado e perplexo, mas retomando a leitura e virando outra página, com o louvável propósito de consultar mais tarde o léxico.

Como explicar o sortilégio dessa prosa tão complicada, de leitura bem difícil para o modesto leitor médio? É que ele dramatiza tudo, a tudo consegue transmitir um frêmito de vida e um sabor patético. Mesmo nos grandes painéis geológicos do começo, apresenta a paisagem não completa e acabada, já no último dia da Criação, repousando em suas feições atuais, mas como produto de convulsões gigantescas, ainda abalada e revolvida, ainda em plena história geológica. A paisagem de Canudos, os quadros da seca, a descrição do clima, a flora, tudo parece impregnado de uma significação agônica. Quando entra em cena o homem, será quando muito a confirmação desse ambiente atormentado, a resultante inevitável de uma luta; vem lutar ele também, e não só pela sobrevivência, em meio de uma natureza áspera, mas contra os fantasmas da superstição e a ignorância, contra a força brutal de inércia que há na criminosa indiferença dos governos.

Este sentido dissociativo de embate das cousas e conflito social, que às vezes lembra a grandiosa cosmovisão de um Heráclito, estilisticamente se manifesta pela adoção da antítese continuada. Um dos traços mais vivos dessa prosa opulenta é o jogo das antíteses, e escolho uma expressão que é dele mesmo: na primeira parte de *Os sertões*, intitulada "A terra", ao descrever a *magrém* e o *verde*, observa: "A natureza compraz-se num jogo de antíteses", como se a intercadência de estiagem e chuvas, em vez de um simples aspecto das condições mesológicas, representasse não sei que arbitrária crueldade, o capricho sádico de alguma divindade. A natureza neste caso é um antropismo em que se reflete toda sua carga de afetividade.

O jogo antitético percorre uma escala inteira de variações. O famoso oxímoron *Hércules-Quasímodo*, daquela página que tanto nos impressionava no ginásio, não é exemplo muito raro em Euclides: pertencem à mesma família *paraíso tenebroso, sol escuro, tumulto sem ruídos, carga paralisada, profecia retrospectiva, medo glorioso, construtores de ruínas* etc. Pode escudar-se numa construção paralógica: os documentos encontrados em Canudos "valiam tudo porque nada valiam"; a cidadela "era temerosa porque não resistia"; ou "rendia-se para vencer". Veja-se neste caso o contexto: "O humílimo vilarejo ia surgir com um traço de trágica originalidade. Intacto — era fragílimo; feito escombros — formidável. Rendia-se para vencer, aparecendo, de chofre, ante o conquistador surpreendido, inexpugnável e em ruínas". Às vezes, sentimos a mão do poeta, dosando habilmente os contrastes poéticos: "Bem-aventurados porque o passo trôpego, remorado pelas muletas e pelas anquiloses, lhes era a celeridade máxima, no avançar para a felicidade eterna". Ou então: "A Rua do Ouvidor valia por um desvio das caatingas. A correria do sertão entrava arrebatadamente pela civilização adentro". Acontece também que a cláusula venha a constituir o tão sovado alexandrino antitético e chave de ouro dos sonetos parnasianos, como neste caso, em que descreve a igreja de Canudos: "Devia surgir, mole formidável e bruta, da extrema fraqueza humana, alteada pelos músculos gastos dos velhos, pelos braços débeis das mulheres e das crianças. Cabia-lhe a forma dúbia de santuário e de antro, de fortaleza e de templo, irmanando no mesmo âmbito, onde ressoariam mais tarde as ladainhas e as balas, *a suprema piedade e os supremos rancores...*"

Em tudo isto ainda o *fine excess* da poesia, elemento indispensável de surpresa poética. Em Euclides, o abuso do superlativo e a antítese continuada correspondem a uma verdadeira exigência de temperamento. Sabemos que ambas as formas de intemperança verbal embotam fatalmente a sensibilidade do leitor para os efeitos de imprevisto e intensidade expressiva; mas logo sentimos que esses defeitos em Euclides são compensados de outro lado por outras tantas qualidades. Ele é o contrário de um José Dias, e só na sua prosa deixam de ser lamentáveis e ridículos certos *super-superlativos*, como *excepcionalíssimo*.

O genuíno Euclides logo se entremostra naquela imagem dos *higrômetros singulares*, do grandioso painel da primeira parte, intitulado: "A Terra". Vem mostrando a *terra ignota* e o alto de Monte-Santo. Serve de guia ao leitor, desnorteado por aquela complicada topografia do sertão de Canudos. Chegamos a sentir, de período a período, uma impressão dantesca: no limiar desse inferno, o leitor é uma espécie de Dante e Euclides é o Virgílio desse Dante. Este inferno em que penetramos é a nossa terra, a nossa terra desconhecida. E é então que logo à entrada nos aparece aquele *soldado desconhecido*: "O sol poente desatava, longa, a sua sombra pelo chão, e protegido por ela — braços largamente abertos, face volvida para os céus — um soldado descansava. Descansava... havia três meses". E a estranha imagem daquele cavalo, paralisado em meio da carga: "E ali estacou feito um animal fantástico, aprumado sobre a ladeira, num quase curvetear, no último arremesso da carga paralisada, com todas as aparências de vida, sobretudo quando, ao passarem as rajadas ríspidas do nordeste, se lhe agitavam as longas crinas ondulantes..."

Não poderia haver melhores higrômetros: achavam-se em perfeito estado de conservação, como que mumificados, tal a secura extrema dos ares naquela região. O termo técnico forneceu-lhe uma extraordinária imagem, impregnada de uma poesia dolorosa e irônica. A imagem do *soldado desconhecido* lembra, de algum modo, o soneto de Rimbaud, *Le dormeur du val*. Também ele parece dormir: "Mumificara, conservando os traços fisionômicos, de modo a incutir a ilusão exata de um lutador cansado, retemperando-se em tranqüilo sono..."

Preto & branco

A SALAMANCA DO JARAU

Ao abordar o tema da Salamanca do Jarau, Simões Lopes Neto sentiu a profundeza do horizonte lendário que se desdobrava além da sua visão evocativa. Tema complexo, tramado de incidências e alusões, não podia ser tratado como as outras lendas que tentou estilizar; a do Negrinho do Pastoreio, por exemplo, a mais bela sem dúvida, na sua simplicidade crioula, publicada em 1906 no *Correio Mercantil*, e a da "M'boi-tatá", que abre o volume das *Lendas do Sul* e apareceu em 1909.

Embora não me fosse possível fixar a data de sua composição, a "Salamanca" é evidentemente posterior a todas as outras, inclusive as missioneiras que encerram o livrinho, escritas entre 1911 e 1912, após a publicação dos estudos folclóricos do padre Teschauer na *Revista do Instituto do Ceará*.[1] O romance intitulado *O Lunar de Sepé* teria sido transcrito em 1902, numa picada que atravessa o Camaquã.

---

[1] V. *Revista Trimensal do Instituto do Ceará*, tomo XXV, ano XXV, 1911, Fortaleza, Tipografia Minerva, p. 3: "A lenda do ouro (estudo etnológico-histórico)". V. também *Poranduba Rio-grandense*, Livraria do Globo, Porto Alegre, 1929.

Consultando um breve catálogo das edições e obras de fundo da Livraria Universal de Echenique & Cia., anexo à terceira edição do *Cancioneiro guasca*, leio a seguinte nota: "*Lendas do Sul*, J. Simões Lopes Neto, populário. É a última produção publicada pelo autor, contendo o conto inédito 'A Salamanca do Jarau'".[2] Em 1913, portanto, quando veio a lume o livro, a lenda ainda não fora publicada.

Simões Lopes Neto apresentou as *Lendas do Sul* como contribuição ao populário rio-grandense, tomando o termo emprestado ao mestre da Casa Branca. Mas aproveitou-se do folclore para fazer obra de poesia, pois o tom dominante é a nota interpretativa, pelo menos nas três lendas principais, em que a estilização assume tal importância, que podemos considerá-las verdadeiras criações, tanto quanto os *Contos gauchescos*.

Usou, então, dos mesmos processos, dando a palavra a um interlocutor ideal de roda galponeira que, entre um mate e outro mate, retoma o fio da prosa, para contar mais um *causo*. Nas lendas também, como nos contos, quem fala é um gaúcho pobre, que só tem de seu um cavalo e as estradas. Basta reler com atenção as páginas iniciais de "M'boitatá" ou do "Negrinho do Pastoreio", para sentir a agilidade com que se metia na pele de Blau Nunes, simulando no discurso falar pela boca alheia, mas realmente procedendo a um vaivém da primeira para a terceira pessoa, com mime-

---

[2] V. J. Simões Lopes Neto, *Cancioneiro guasca. Coletânea de poesia popular Rio-grandense*, 3ª ed., 1928, Pelotas.

tismo de ator esperto. Há o gesto, a sugestão do gesto na sua prosa, e a força encantatória da presença.

Inimitável, por isso mesmo, é o seu boleio de frase:

"Era um dia... um gaúcho pobre, Blau, de nome, guasca de bom porte, mas que só tinha de seu um cavalo gordo, o facão afiado e as estradas reais, estava conchavado de posteiro, ali na entrada do rincão; e nesse dia andava campeando um boi barroso."

Escolhi esta nesga de exemplo porque, ao primeiro relance, não há nada mais banal: é o tom da própria banalidade. Bem examinada a construção, todavia, nada mais sutil; as freqüentes pausas respiratórias, o descosido e alinhavado no modo de contar, a habilidade na repetição — a meu ver proposital — das preposições, que nesse caso logo sugerem a pronúncia da nossa gente da campanha, tudo se acha amalgamado com arte perfeita, que não poderia ter sido simples intuição, mas fruto de longo amadurecimento. Como esse, há outros exemplos, noutro registro de expressão, todos passíveis do mesmo reparo.

Acontece também que notamos uma gradação no emprego das formas dialetais. Nos *Contos gauchescos* a feição típica do linguajar é mais franca do que nas *Lendas*. A redação definitiva das lendas dá o remate à sua produção literária. O cotejo das duas obras revela na última, especialmente na "Salamanca", maior preocupação pela forma portuguesa clássica. É verdade que o tema da "Salamanca" não podia pautar-se pelas suas produções anteriores, prestando-se a outros desenvolvimentos, e nesse caso estaríamos diante de uma simples questão de consonância. Mas a diferença de sabor, na construção da frase, acentua-se como fato consumado de um livro para o outro e atesta mais uma vez a consciência da sua arte.

Nas lendas, a presença do narrador, sempre um campeiro entre campeiros, é menos viva e direta do que nos contos. Afloram, de quando em quando, variações ou comentários de sentido subjetivo, apenas subordinados ao tom falado habitual. Nota-se, para encurtar, que a "Salamanca do Jarau" foi mais trabalhada na sua contextura, revestindo-se de um apuro mais premeditado de forma e linguagem.

Foi também o seu trabalho mais longo, pelo menos levando em conta os que possuímos em letra de fôrma, pois não é de duvidar que um belo dia — dia feriado para as letras rio-grandenses — alguém ainda desenterre de um fundo de gaveta aqueles romances que ficaram no aceno irritante do título: *Jango Jorge* e *Peona e Dona*.

•

Aludindo à fama da velha cidade do Tormes, diz o poeta Ercilla, na única epopéia da conquista que há de sobrenadar como poesia e verdade:

> Salamanca, que se muestra
> Felice en todas ciencias, do solía
> Enseñarse tambien nigromancia.[3]

---

[3] V. na Biblioteca Nacional: *Primera parte de la Araucana de dõ Alonso de Ercilla Y Çúñiga, Cavallero de la orded de Santiago, Gentilhombre de la Camara de la Magestad del Emperador.* En Madrid, en casa del Licenciado Castro. Año de 1597. A Araucana foi publicada em 1569-1589.

Para entrar assim, como coisa sabida, nos versos da *Araucana*, forçoso é que já em meados do século XVI corresse mundo a estranha tradição. E de fato, não faltam aos bons autores daquele tempo as glosas eruditas e os comentários intrigados com essa voz popular.

Mas o caso de mestre Pedro Ciruelo, matemático e teólogo que privara com Felipe II, servirá para mostrar a pertinácia do espírito supersticioso na mentalidade então predominante, esclarecendo os porquês de tanta fabulação, aliada a tamanha sede de ciência exata. Ciruelo cai em superstição astrológica ao afirmar que antigamente se cultivava a necromancia em Toledo e Salamanca por achar-se a Espanha sob a influência da mesma constelação que rege os destinos da Pérsia, berço das artes mágicas; tudo isto num *Tratado en el cual se repruevan todas las supersticiones y hechicerias*.[4]

O famoso padre Martin del Rio, autor das *Pesquisas mágicas*, verdadeiro código das bruxarias, no dizer de Menendez y Pelayo, não quer saber de rodeios e afirma que ainda conheceu em Salamanca a furna da onça, isto é, a cripta onde se ensinavam as artes negras.[5]

No *Tesoro de la Lengua Castellana o Española*, publicado em 1611, Dom Sebastián de Covarrubias, ao abrir o verbete

---

[4]V. na Biblioteca Nacional: *Tratado en el cual se repruevan todas las supersticiones y hechicerias; muy util y necesario a los buenos Christianos zelosos de su salvacion*. Compuesto por el Dotor Pedro Ciruelo, Canonigo de la Santa Iglesia Cathedral de Salamanca. *Año, 1628*. O exemplar consultado é da quarta edição.

[5]V. *Controverses et recherches magiques, traduites du latin de Delrio por André Duchesne, jésuite*. Paris, Chaudière, 1611.

em que expõe as diversas interpretações etimológicas da palavra *Salamanca*, registou o seguinte: "Algunos quieren que este sea Griego psallo & mantici, divinatio, quasi cantus divinus, parece aludir a la fabula de que en Salamanca se enseñava la encantacion, y arte de nigromancía en una cueva que llaman de San Cebrian. Esto tengo por fábula".[6] Exemplo expressivo; de tal modo o nome de Salamanca andava ligado à tradição da magia, que, para alguns filólogos, pronunciar as quatro sílabas era o mesmo que aludir às artes condenadas, como, na imaginação do povinho, em Espanha ou Portugal, ir a estudos naquele centro universitário cheirava a enxofre e bruxedo; pelo menos é o que se deduz do bate-papo interminável da tia Briolanja, num dos capítulos mais interessantes de *O arco de Sant'Ana*. Diz a linguaruda: "Aquela cisma de querer ir às covas de Salamanca. Ai menina! tirai-lho da cabeça, que é tentação visível de bruxaria, e mostra jeito para as más artes do demônio".[7]

Ainda há diversas referências em autores dos séculos XVII e XVIII. Dom Francisco de Torreblanca, num livro sobre a magia, dá certo fundamento à tradição, e a melhor prova do grande interesse que o tema despertou entre os estudiosos é que Benito Jerónimo Feijoo, o autêntico bene-

---

[6]V. *Tesoro de la Lengua Castellana o Española.* Compúesto por el Licenciado Don Sebastian de Covarrubias Orozco. Con privilegio en Madrid por Melchor Sánchez. Puerta del Sol. A Biblioteca Nacional possui um exemplar.
[7]V. Garrett, *O arco de Sant'Ana,* 4ª ed., Lisboa, Imprensa Nacional, 1871, vol. II, p. 82.

ditino, levando a cabo demoradas pesquisas a respeito da cova de Salamanca, não descansou enquanto não conseguiu reduzir toda a proliferação de abusões e invencionices a um punhado de fatos; transformou em sacristão o diabo que aparecia na cova, e a magia negra em travessura de estudantes.[8]

Que era, em suma, a famosa cova de Salamanca ou "cueva de San Cebrian"? Simplesmente a sacristia subterrânea da igreja de San Ciprian, de que ainda restavam alguns vestígios no começo deste século. Villar y Macias, na excelente *História de Salamanca*, publicada em 1887, reservou um capítulo inteiro para o estudo da questão, aduzindo argumentos e fontes bibliográficas. A ele devemos a delimitação rigorosa das origens da lenda e o seu sentido local, que já não transparece com a necessária clareza na expressão popular mais difundida — "as covas de Salamanca".[9]

---

[8]Villar e Macias observa: "El Conde de Guimerán, citado por Dom Adolfo de Castro, en sus *Filósofos Españoles*, asegura que, para no ser descubiertos los que se dedicaban à la nigromancía, hacian sus enseñanzas de noche en bodegas que en Castilla, dice, llaman cuevas; podrán llamarlas así en Castilla, pero no en Salamanca entonces, ni ahora tampoco. El cardinal Aguirre considera fábula todo ello y el padre Feijoo, que procuró averiguar la verdad acerca de la famosa Cueva de Salamanca, redujo a sacristán al diablo, y la estupenda magia a travesuras estudiantiles, como así lo había hecho tiempos antes Diego Perez de Mesa, en sus notas a las *Grandezas de España*, del maestro Pedro de Medina; pero a la verdad, el asunto debió considerarse arduo, cuando mereció la atención y estudio de tan doctos y graves varones".

[9]V. M. Villar y Macias, *História de Salamanca*, Salamanca, Imprenta de Francisco Nuñez Izquierdo, 1887. A Biblioteca Nacional possui um exemplar.

Daniel Granada, que foi a verdadeira fonte de Simões Lopes, certamente não chegou a conhecer o livro de Macias; fala em "cueva de San Cebrian", alude à lenda de São Cipriano, mas nunca se refere às origens locais como vêm comprovadas no historiador espanhol. À página 103 de *Supersticiones del Rio de la Plata*, cita apenas o livro de Covarrubias e, por certo resumindo o texto acima reproduzido, escreve: "Hubo en términos de Salamanca (y sin duda habrá aún) una cueva llamada de San Cebrian...".[10] Não teve suspeita, portanto, da transmutação por que passou a lenda no seu prórpio berço, ao trocar-se em cova a sacristia e ao identificar-se o novo sentido que adquiriu com as demais tradições de furnas encantadas: a de São Patrício na Irlanda, a de Santiago de Compostela, para ficar nas mais conhecidas.

De sorte que a palavra "Salamanca" aparece mais tarde como simples nome comum, sobretudo na América, designando as cavernas encantadas, e foi nesta acepção que a empregou Simões Lopes.[11]

Transcrevo a seguir a versão salmantina, segundo Villar y Macias: "Cuenta la tradición que en la sacristía subterranea de la iglesia de San Ciprian ó Cebrian, el sacristán, a quien Torreblanca llama Clemente Potosí y otros hacen

---

[10]V. D. Daniel Granada, *Reseña histórico-descriptiva de antiguas y modernas supersticiones del Rio de la Plata*, Montevidéu, A. Barreiro y Ramos, editor, 1896, p. 85 e sgs.

[11]Diz Granada: "Estas cuevas encantadas llevan el nombre de Salamancas en todo el Rio de la Plata, lo proprio que en Rio Grande del Sur del Brasil". V. o. c., p. 92.

bachiller, enseñaba astrología judiciária, geomancía, hidromancía, piromancía, quiromancía, y necromancía a varios discípulos que turnaban de siete en siete, y al que tocaba la suerte pagaba por todos al maestro, y cuando no lo hacía, quedaba preso en la cueva".

A lenda foi aproveitada como tema literário e, subindo ao palco, tornou-se um dos argumentos mais populares do teatro espanhol. Cervantes, no delicioso *Entremés de la Cueva de Salamanca*, valeu-se do pretexto para retomar em tom faceto e com a mesma ironia fina um dos seus "cavalos de batalha" do Quixote, quando abre um capítulo especial na segunda parte para descrever as maravilhas da "cueva de Montesinos". Juan Ruiz de Alarcón e Francisco de Rojas y Zorrilla meteram o assunto em comédias. Hartzenbusch o explorava no século passado com o drama de magia *La redoma encantada*.

Tudo isto basta a mostrar o prestígio que alcançou em terras de Espanha, revelando certo encadeamento cronológico. Mas a versão que Simões Lopes desenvolveu é de uma extrema complexidade, e quase nada lhe resta daquele nódulo original. A princípio formou-se um reconto mais ou menos preciso com elementos limitados que decorriam das superstições locais. Temos quando muito um sacristão dado às artes mágicas e a história de um lugar que mudou de nome e sentido. Faltam os outros temas, que viriam mais tarde, não importa saber como, um deles certamente da Península Ibérica, os outros do Novo Mundo, como transplante da conquista e o alimento que as terras virgens propiciavam à imaginação dos colonizadores.

O tema das mouras encantadas perdura até hoje em Portugal, entrosado no dos tesouros, que por sua vez aparece em conexão com o das furnas ou salamancas. É fácil, pois, reconstituir por hipótese o fio de analogia que acabou entecendo os três temas na versão americana.[12]

"Concebem-se as mouras encantadas", observa Rodney Gallop no seu estudo sobre o folclore português, "como formosas moças, trazendo às vezes cauda de serpente em troca dos membros inferiores. Só aparecem a olhos mortais na noite de São João, e então penteiam com pente de ouro os cabelos, ou fiam, ou tecem com fio de ouro... Estão sempre montando guarda a um tesouro que os infiéis abandonaram, o qual pode tomar a forma de um estábulo cheio de jóias ou de um monte de moedas. Não são espíritos maus, raramente o seu contacto resulta em desvantagem para os homens. Espíritos encantados pela arte da magia, dependem da boa vontade de um ser humano para o seu desencantamento. Nas diversas lendas em que é invocado esse auxílio, tomam quase sempre a feição de serpentes..."[13]

Nestas notas de Rodney Gallop, depontam várias analogias com a "princesa moura encantada, trazida de outras terras", e a "rosa dos tesouros escondidos dentro da casca do mundo" que o escritor gaúcho apresenta na sua versão;

---

[12]V. J. Leite de Vasconcelos, *Tradições populares de Portugal,* Porto, Livraria Portuense de Clavel & Cia., 1883. V. também Francisco Xavier de Ataíde Oliveira, *As mouras encantadas e os encantamentos no Algarve,* Tavira, 1898.

[13]V. Rodney Gallop, *Portugal, A Book of Folk-ways,* Cambridge, At the University Press, 1936, p. 78 e sgs.

inclusive a "forma de serpente" convida a pensar na lagartixa mágica, o carbúnculo ou teiuiaguá dos guaranis, elemento originário do Novo Mundo, embora aparentado com outras superstições do mundo antigo, o qual contribuiu talvez para a adaptação americana da lenda e, registrado em primeiro lugar pelo arcediago Martin del Barco Centenera na sua indigesta versalhada, ressurgiu mais tarde na prosa do Padre Techo. Barco Centenera descreve o carbúnculo como propiciador de riquezas, outro ponto de contato com as mouras encantadas, e refere a triste sina de Rui Dias Melgarejo que, depois de capturar o fabuloso animal, o perdeu nas águas do rio em que navegava, e com ele as veleidades da opulência.

> Y no lexos de aqui por proprios ojos
> El Carbunclo animal vezes he visto...

declara o imaginoso Martin, esclarecendo numa nota marginal: "El carbunclo es un animal. Llamase este animal en lengua Guarani Anagpitan i. diablo que reluce como fuego".[14]

Buscando nessas diversas formas de abusões uma origem comum, Daniel Granada conclui: "Carbunclos, añangapitangas o teyuyaguaes, todo es lo mismo, todo tiene una misma causa ú origen y representa una misma

---

[14]V. *La Argentina,* Reimpresión facsímilar de la primera edición (Lisboa 1602). Buenos Aires, 1912; Canto III; e, P. Nicolás del Techo, *Historia de la Provincia del Paraguay de la Compañia de Jesus,* Versión del texto latino por Manuel Serrano y Sanz, Madrid, 1897, tomo segundo, livro quinto, cap. XXII.

cosa ante la imaginación del vulgo y del hombre primitivo: la madre del oro, la fuerza de la tierra, el cerro o la montaña encantados".

A tradição indígena põe no mais alto dos três cerros de Jarau uma furna encantada, moradia do teiuiaguá.[15] Considerada a seqüência relativa que há nesses restos de superstições, encadeados por um processo paralógico e muita vez obscuro, podemos conceber a tradição local aproveitada por Simões Lopes como a resultante de uma confusa elaboração, de que apenas conhecemos aspectos vagos e transitórios. O que não quer dizer que não dê a impressão de unidade, pelo menos no texto do escritor gaúcho, mas a unidade, a meu ver, não decorre tão-só da sutileza do autor no arranjo da obra, ela é sobretudo uma questão de modulação pessoal dos vários temas. A melhor prova está no cotejo do seu texto com o de Granada.

---

[15]V. Sousa Doca. "Vocábulos indígenas na geografia rio-grandense", in *Revista do Instituto Histórico e Geográfico do Rio Grande do Sul*, ano V. I e II trim., Porto Alegre, 1925, p. 126. A propósito do vocábulo "Jarau", escreve Sousa Doca: "Cez. Jacques supõe que esse vocábulo provém de uma tribo de índios denominados yaros, semelhantes aos charruas e que habitavam a região próxima ao Quaraí... Cremos, porém, que o vocábulo em apreço tem origem na conhecida lenda indígena que coloca no cume do mais alto dos cerros de Jarau uma furna dando acesso para riquezas sem conta... Assim sendo, aquele vocábulo é corruptela de *juru-a-u*, a boca da escuridão... Pode ainda a palavra ser corr. de *yara-a-u*, o senhor, o dono da escuridão, em alusão ao duende de faces brancas e esquálidas da lenda referida, guarda misterioso daquela furna. Os cerros de Jarau são três e ficam ao N. do mun. de Quaraí, próximo à divisa com o de Uruguaiana".

Durante algum tempo acreditei que a única fonte aproveitada por Simões Lopes Neto na composição da "Salamanca do Jarau" fosse o padre Teschauer. O historiador jesuíta reproduzira Granada, às vezes nos mesmos termos, limitando-se a transcrever passos inteiros, com leves alterações, no seu estudo sobre as lendas do ouro na bacia do Uruguai. Após minucioso confronto dos três textos, não obstante, o de Teschauer e os de Granada e Simões Lopes, e embora o escritor gaúcho não faça a mais leve alusão à obra de Granada, limitando-se a citar na "elucidação" apensa à lenda o estudo publicado pelo padre Teschauer em 1911 na *Revista Trimensal do Instituto do Ceará*, verifiquei que a verdadeira fonte estava de fato na *Reseña histórico-descritiva de antiguas y modernas supersticiones del Rio de la Plata*. A leitura de Teschauer levara naturalmente Simões Lopes a consultar o livro de Granada, que apareceu em 1896.

Fonte não só de sugestão, como de exploração minudente e conscienciosa. Em seu resumo, o padre Teschauer sem dúvida reproduzia os dois temas principais, o do campeiro que penetra na furna, recebendo a onça mágica em prêmio, e o do sacristão de S. Tomé ao topar o teiuiaguá. Mas não mencionava pormenores que foram desenvolvidos com importância relativa na "Salamanca do Jarau", quando todos eles lá estão referidos em *Supersticiones*. A "terrível serpente", por exemplo, de Granada, surge como "boicininga" em Simões Lopes; os "yaguaretés e leones" são "jaguares e pumas"; o "anciano" transforma-se em "uma velha, muito velha, carquincha e curvada". Da prova dos anões, que era a sétima e última na versão de Simões Lopes, e deve ser contada entre os seus achados mais interessantes, não há vestígio em Teschauer, ao passo que o platino registrou os "enanos" como guardas de tesouros.[16]

Foi Daniel Granada, pois, quem forneceu a Simões Lopes todos os elementos de que se valeu para compor a "Salamanca do Jarau", através dos capítulos de sua obra intitulados "Salamancas", "Cerros encantados" e "Cerros bravos", além de outras informações folclóricas. Todos, menos o talento. O admirável é justamente o faro certeiro com que os aproveitou na elaboração da narrativa, grupando-os de acordo com a ordem nova que lhe ditava a inspiração, retocando-os também quando necessário, e introduzindo, como sempre, os rasgos de uma interpretação pessoal. Deu vida intensa e frescura ao que não passava de secos apontamentos.

Ao mesmo tempo, sem forçar os limites originais do contexto, impregnou-o de sugestões profundas. O sentido moral que anima a sua versão não destoa um só momento do próprio corpo da lenda, é como que a emanação que a envolve, e o seu perfume. Quando Blau Nunes atravessa incólume a barreira das sete provas, mas não sabe afinal governar o pensamento nem segurar a língua, sentimos que a batalha decisiva está sendo a cada instante travada em nosso íntimo, que as sete provas se refazem como os dias da sema-

---

[16]Granada, p. 95 — Simões, p. 41; Granada, p. 99 — Simões, p. 40; Granada p. 100 — Simões, p. 43. Cf. Granada, p. 93: "... de ganar a los naipes o a otro juego... tocar bien la guitarra ó no errar un tiro...", e Simões, p. 43-44: "para ganhar a parada em qualquer jogo, de naipes... para tocar a viola... para não errar golpe — de tiro..." etc.

na — e a furna encantada perde o sentido fabuloso e próprio, para abrir-se à nossa frente, formando o âmbito da caverna que habitamos.

"Blau nem se moveu; e, carpindo dentro em si a própria rudeza, pensou no que queria dizer e não podia e era assim: — Teiniaguá! És tudo o que eu não sei o que é, porém, que atino que existe fora de mim, em volta de mim, superior a mim... Eu te queria a ti, Teiniaguá encantada."

Eis, sem dúvida, o que não acudiria nunca à pena prosaica de um Granada. Nem a admirável introdução, em que o tema do Boi Barroso, interrompido a tempo, incitando a fantasia, avivando velhas sugestões adormecidas na memória, é como um pórtico natural à entrada misteriosa da lenda, na sua graça rústica de toada pastoril.

Nem a aparição da princesa moura; mas aqui é melhor citar, em vez de gabar: "Eu sou a princesa moura encantada, trazida de outras terras por sobre um mar que os meus nunca sulcaram... Vim e Anhangá-pitã transformou-se em teiniaguá de cabeça luminosa, que outros chamam o carbúnculo e temem e desejam, porque eu sou a rosa dos tesouros escondidos dentro da casca do mundo. Muitos têm me procurado com o peito cheio somente de torpeza, e eu lhes hei escapado das mãos ambicioneiras e dos olhos cobiçosos, relampejando desdenhosa o lume vermelho da minha cabeça transparente.

"Tu, não; tu não me procuraste ganoso... e eu subi ao teu encontro e me bem trataste, pondo água na guampa e trazendo mel fino para o meu sustento. Se quiseres tu todas as riquezas que eu sei, entrarei de novo na guampa e irás andando e me levarás onde eu te encaminhar, e serás senhor do muito, do mais, do tudo!...

"A teiniaguá que sabe dos tesouros sou eu, mas sou também princesa moura. Sou jovem, sou formosa, o meu corpo é rijo e não tocado. E estava escrito que tu serias o meu par.

"Serás o meu par se a cruz do teu rosário me não esconjurar. Se não, serás ligado ao meu flanco, para, quando quebrado o encantamento, do sangue de nós ambos nascer uma nova gente, guapa e sábia, que nunca mais será vencida porque terá todas as riquezas que eu sei e as que tu lhe carrearás por via dessas. Se a cruz do teu rosário me não esconjurar...

"Sobre a cabeça da moura amarelejava nesse instante o crescente dos infiéis... E foi se adelgaçando no silêncio a cadência embalante da fala induzidora.

"A cruz do meu rosário... Fui passando as contas, apressado e atrevido, começando na primeira; e quando tentei a última e entre as duas os meus dedos, formigando, deram com a Cruz do Salvador, fui levantando o Crucificado bem em frente da bruxa, em salvatério, na altura do seu coração, na altura da sua garganta, da sua boca na altura dos...

"E aí parou, porque olhos de amor, tão soberanos e cativos, em mil vidas de homem outros se não viram... Parou... e a minha alma de cristão foi saindo de mim, como o sumo se aparta do bagaço, como o aroma sai da flor que vai apodrecendo..."

.

Tracemos o percurso ideal da lenda, pontilhando sobre o mapa uma linha que parte de Salamanca, perto da fronteira portuguesa, atravessa o oceano e vai atingir a fronteira do Rio Grande. Da sacristia de San Ciprian ao cerro do Jarau há mais do que o espaço — a profundez do tempo, aquela "profundez de horizonte histórico e lendário" a que acima aludia. Vemos, através do texto, a imagem da conquista, o transplante da tradição ibérica para o Novo Mundo, a mescla de elementos cristãos, mouriscos e indígenas, dando a idéia de uma síntese mal esboçada, que provém do concurso de três continentes; mal esboçada, e quase indefinível como expressão do ambiente.

No comentário do próprio Simões Lopes, os seus elementos acham-se "confundidos e abrumados", de sorte que me parece chocante a rígida classificação de Ricardo Rojas ao afirmar, sem vacilação, que é "de forma española y de fondo indígena".[17] Os fatores componentes indígenas são acidentais na sua formação. Embora Rafael Obrigado a incluísse entre as nossas *Lendas do Sul*, tão notória é a sua complexidade que não cabe em nenhuma dessas "naturalizações" arbitrárias, nem bastará a defini-la dizer que em parte reflete o ambiente missioneiro. Preferível então, penso eu, ficar nas origens e considerá-la em seu sentido moral, que é tão eloqüente.

A "Salamanca do Jarau", em seus dois motivos essenciais, contém uma apologia da renúncia cristã e da redenção pelo

---

[17] V. Ricardo Rojas, *La Literatura Argentina, Los Gauchescos*, Buenos Aires, Libreria La Facultad, 1924, vol. I, p. 251.

amor, é claro que apenas de modo implícito. A história da onça mágica reproduz uma das tantas fábulas da ambição castigada, e é bem patente a sua analogia com a lenda do homem que perdeu a sombra ou vendeu a alma ao diabo, em troca de riqueza.

Quanto ao outro motivo, o da "moura encantada", já vimos que vem da península, conservando inalterados os caracteres originais. São ambos motivos cristãos, de proveniência medieval, que o populário de além-mar nos legou; quando muito, revestiram-se de novos matizes no meio americano.[18] A versão missioneira não lhes alterou o sentido primitivo; pelo contrário — devido às condições especiais desse meio, em que houve, se é possível dizer assim, um replante de galho, tudo concorria para respeitar-lhes a construtura.

Mas, passando do atalho à estrada, o fato é que o mais importante para nós outros não está na pureza original do tema e sim no próprio intérprete.

A "Salamanca do Jarau", obra feliz, em que sentimos a afinidade do autor com a matéria escolhida, acaba por incutir em nosso espírito uma vaga idéia de predestinação. Dando então rédea à fantasia, imaginamos que assim estava escrito: que toda a elaboração coletiva daquele tema tinha uma única finalidade, marchando para um inevitável desfecho — sugerir a um homem entre tantos outros, a ele somente, a expressão da sua forma definitiva.

---

[18]O tema de Salamanca também foi aproveitado por J. P. Echague em *Por donde corre el Zonda*. B. Aires, 1939, 2ª ed., e R. Rojas, *El país de la selva*, 1925, Obras, t. 16.

Em tudo anda a interpretação do poeta, que é alquimia subjetiva. Os materiais são os mesmos, porém a nova disposição transfigura tudo. Como é que dizia Pascal? "Qu'on ne dise pas que je n'ai rien dit de nouveau: la disposition des matières est nouvelle; quand on joue à la paume, c'est une même balle dont joue l'un et l'autre, mais l'un la place mieux".

E só isso importa.

Prosa dos pagos

NEGRINHO DO PASTOREIO

É conhecido e proclamado o testemunho de Saint-Hilaire sobre as condições sociais do escravo no Rio Grande do Sul. Impressão de viajante, sem dúvida. Mas pesa mais a afirmativa partindo de observador em geral tão arguto, capaz de fisgar na aparência o essencial das coisas e encouraçado, quase sempre, na sua objetividade profissional. Se é verdade que tudo toma a cor do prisma e do momento, devemos reconhecer que Saint-Hilaire praticava como poucos a arte de reagir contra os primeiros impulsos da lógica afetiva, graduando ao extremo o seu ponto de mira. Creio que sabia ver o argueiro em si mesmo. O que não impede, ao contrário, sublinha o outro lado da sua personalidade, a vertente humana e generosa do seu espírito. Basta evocar aquele dia de chuva no povo de São João em que o vemos entregar-se de corpo e alma a um projeto de reforma administrativa, em longa carta escrita ao coronel Paulete. Nem tudo é botânica nesta vida, e a ciência não dá para encher um coração bem feito. A decadência da pobre indiada não foi para ele um tema de viajante, tratado em alusão distraída, nem simples matéria etnográfica colhida à beira-estrada e apontada friamente num caderno de notas.

Passei pelo povo de São João das Missões numa clara manhã. Perdidos no meio do mato ou encostados ao muro baixo do cemitério, topamos com restos da grandeza jesuítica, o inconfundível grés trabalhado por mão de crente e vontade mais dura que a pedra. Num grande bloco talhado em coração de Jesus, ainda vivia o sorriso de um anjinho. De súbito, apagou-se o sorriso, com o sol que se apagava entre nuvens. E os olhos da fantasia desenharam-me a cena sugerida pela memória do texto: o longo dia de chuva ali mesmo, os campos embrumados e na "residência" do colégio, Mr. Auguste de Saint-Hilaire comovido com a sorte dos índios, plantando sobre as ruínas a esperança de uma reforma administrativa.[1]

Nas suas primeiras observações sobre o escravo no Rio Grande, notamos o mesmo acento grave e humano, a mesma preocupação pelo "homem de cor", sem prejuízo da perspicácia. Não poderia ser mais feliz o remate do quadro que traçou, pois, traduzido em termos de psicologia moderna, ilustra admiravelmente os casos que hoje definimos como formas sociais do "complexo de humilhação" compensado. É tão frisante a intuição contida no reparo, que me parece indispensável transcrever humildemente o texto para acompanhar com mais fidelidade as intenções do autor: "Comme je l'ai dit, les habitants de Rio de Janeiro que sont mécontents de leurs nègres les vendent pour cette capitainerie, et quand on veut effrayer um nègre, on lui dit qu'on l'enverra à Rio Grande. Cependant, il n'y a peut-être

---

[1]*Voyage à Rio Grande do Sul*, Orléans, H. Herluison, Libraire-Éditeur, 1887, p. 401-402.

pas au Brésil de pays où les esclaves soient plus heureux que dans cette capitainierie. Les maîtres travaillent ainsi que les esclaves, se tiennent moins éloignés d'eux et leur témoignent moins de mépris. L'esclave mange de la viande à discretion; il n'est pas vêtu plus mal qu'ailleurs; il ne va jamais à pied; sa principale occupation consiste à galoper dans les campos (sic), ce qui est un exercice plus sain que fatigant; enfin, il fait sentir sans cesse aux animaux qui l'entourent une supériorité qui le console de la bassesse de sa condition et le relève un peu à ses propres yeux".[2]

A observação é fina, o quadro é lisonjeiro, mas devemos avançar com toda a cautela. Seria essa a impressão dominante ao primeiro contato do europeu com o serviço do escravo nas estâncias e os aspectos de relativa liberdade que decorriam da própria natureza da "campeiragem". O negro campeiro lidava ombro a ombro com o patrão, homem entre homens e dono provisório entre animais, arrastado na mesma competição de "gaucheria". Se era escravo do estancieiro, domador e pealador, dominava os brutos, reaprumado no lombo do cavalo.

Desse barro bom formaram-se os negros lanceiros que mereceram o elogio irrestrito de Garibaldi nas suas memórias: formado na maioria de negros que a República libertou, e escolhidos entre os melhores domadores da província, esse corpo de lanceiros tinha unicamente os oficiais superiores brancos. As lanças enormes, o negrume daquelas caras e a perfeita disciplina eram coisa de espantar. Desmontados por alguma agachada mais crespa, valiam-se da

---

[2] O. c., p. 56.

sua incrível perícia de domadores para a remonta.[3] Daí também a possibilidade, mais tarde, do negro entonado e gauchão, daquele Negro Bonifácio, por exemplo, ideado em parte, mas reproduzido ao vivo por Simões Lopes Neto, num dos seus contos regionais. O Negro Bonifácio é o escravo liberto que saiu da senzala para a estrada batida.

Mas não devemos omitir — e o naturalista não omitiu — o reverso da medalha, o escravo das charqueadas. Alfredo Ferreira Rodrigues, numa nota preliminar para a *Notícia descritiva*, de Nicolau Dreys, em reedição da Biblioteca Rio-Grandense, pinta-nos com leve ressentimento um Saint-Hilaire mal-humorado, indiscreto e ingrato, a escrever, sob o teto hospitaleiro de Gonçalves Chaves: "Os negros das charqueadas são tratados com muito rigor. Ele e sua mulher só falam com os escravos com extrema severidade, e estes tremem diante dos senhores. Há sempre na sala um negrinho de dez a doze anos que permanece de pé, pronto a ir chamar os outros escravos, a trazer um copo de água e a fazer todos os pequenos recados necessários ao serviço interior da casa. Não conheço criatura mais desgraçada que esta criança. Não se assenta, nunca ninguém lhe sorri, nunca se diverte, passa a vida tristemente apoiado à parede e é muitas vezes martirizado pelos filhos de seu senhor".[4]

---

[3] V. *Memórias*, cap. XXXI e XXXV. Eram os famosos lanceiros de Canabarro.
[4] V. *Notícia descritiva da Província do Rio Grande de São Pedro do Sul*, Porto Alegre, Livraria Americana, 1927. Cf. *Voyage*, p. 102. Parece-me indispensável completar a transcrição de Alfredo Ferreira Rodrigues com esta nota pungente, extraída do texto: "Quand la nuit vient, le sommeil le gagne, et quand il n'y a personne dans la salle, il se met à genoux, pour pouvoir dormir..." Todo esse complexo de aberrações morais decorrentes da escravidão foi estudado por Gilberto Freyre em *Casa grande & senzala*. V. o. c., edição original, p. 424 e sgs.

Penso, com a devida licença, que o viajante francês não foi "injusto", nem "indiscreto", nem "ingrato". Foi sobretudo escrupuloso observador, levando a probidade a ponto de contradizer-se — a fim de se emendar. Silenciar no seu caso seria deformar a realidade, mantendo tacitamente as primeiras afirmações. Quando muito, justificada ou não, a pena pelo garoto perturbou-lhe a costumeira serenidade e extravasou nas entrelinhas, o que de modo algum depõe contra ele. Ainda mais: reagiu contra os impulsos do sentimento, procurando diluir na irresponsabilidade coletiva as culpas aparentemente individuais. Tanto era assim, que ao termo do passo reproduzido, ele teve o cuidado — e nisto reconheço o genuíno Saint-Hilaire —, teve o escrúpulo de frisar com a maior isenção:

"J'ai dit que dans cette capitainerie les nègres étaient traités avec douceur et que les blancs se familiarisaient avec eux plus qu'ils ne font ailleurs. Celà est vrai des esclaves des estanceiras (sic) qui sont peu nombreux, mais il n'en est pas ainsi de ceux des charqueadas qui étant en grand nombre se communiquent reciproquement tous les vices qu'ils apportent de la capitale et par conséquent il est plus nécessaire peut-être de les conduire avec rigueur".[5] Há portanto um matiz no seu juízo, que modifica a impressão deixada por aquele trecho inicial, o que mostra mais uma vez como é difícil a arte de citar e como é quase impossível citar sem torcer a intenção do autor em proveito das próprias intenções. Não vai nisso nenhum reproche à nota preliminar de

---

[5] *Voyage*, p. 102-103.

Alfredo Ferreira Rodrigues, apenas o desejo de interpretar na devida complexidade original o pensamento de Saint-Hilaire. Terá outras falhas, pecados veniais da imprudência crítica, porém nunca a petulância que ele mesmo censurou no seu compatrício, estabelecido em São Francisco de Paula, o Sr. T., sujeito linguarudo e mordaz, defeito que lhe parece bem francês.

Mas deixemos em paz o amigo velho. Dreys, outro observador digno de apreço, descreve a situação do escravo rio-grandense em tom mais benévolo. O trabalho nas charqueadas não lhe parece excessivo nem rigoroso. E coincide com o naturalista ao criticar o prejuízo formado na corte em torno do chavão "Rio Grande, purgatório dos negros". Segundo ele, no extremo sul do país os escravos não eram nem mais viciosos, nem mais maltratados que nas outras partes da América. Esclarece: "Os negros do Rio Grande não estão em nenhuma posição excepcional senão porque pertencem às estâncias e às charqueadas; os negros domésticos são os mesmos em todas as partes: ora, nas estâncias, pouco tem que fazer o negro, exceto na ocasião rara dos rodeios; nas charqueadas o trabalho é mais exigente, sem ser nem pesado nem excessivo; é uma ocupação regular distribuída segundo as forças do negro... Os negros trabalhadores dos estabelecimentos industriais do Rio Grande recebem abundância de mantimentos; estão bem vestidos conforme a exigência da estação, bem tratados nas suas doenças; e é isso justamente o que quer o negro; em compensação, o senhor não lhe pede senão um serviço usual e bom comportamento". Dreys vê na charqueada uma espécie de estabelecimento penitenciário, afirmando ser o castigo "uma das precisões do negro". Textualmente: "... quando se elles desvião d'estas obrigações, vem o castigo, que he tambem huma das precisões do negro; porém, quando a pena he merecida e applicada judiciosamente, he raro que o criminoso se revolte contra ella".[6]

Outro prisma, novo aspecto. A verdade é que Dreys, homem prático, não podia ver a questão com os mesmos olhos de Saint-Hilaire. Deixou, aliás, bem claro que não acreditava nos benefícios da abolição, morais ou materiais. À página 194 da reedição feita pela Biblioteca Rio-Grandense, colhemos o seguinte: "...têm sido e sempre serão baldados, tanto no Rio Grande como em qualquer parte do continente americano, seus esforços para conquistar, em presença da população branca, uma liberdade de que não sabem usar, e que, considerada friamente, fora das especiosas abstrações de uma filantropia especuladora, é para eles, na sua existência local, e para a sociedade, muito menos útil que prejudicial".

Vejamos o que diz John Luccock, para comodidade nossa, no voluminho da Editora Record, onde vêm traduzidos apenas os aspectos sul-rio-grandenses. "É-nos grato", diz ele, em tom de exórdio parlamentar — "é-nos grato poder registrar certas melhorias, embora insignificantes, numa condição intrinsecamente deplorável. Era uso levar-se para S. Pedro, de outras partes do Brasil, o escravo incorrigível, e, posto que ali visse maus escravos, como vi maus patrões, nunca observei nada que

---

[6] V. *Notícia descritiva*, p. 191-192.

evidenciasse particular ruindade na população negra daquele sítio. Ao contrário, sendo ela menos numerosa que em outros pontos da colônia, pareceu-me mais tratável e feliz. O preço dos escravos era elevado e havia deles grande carência, o que pode correr, em parte, à conta do brando tratamento que tinham, sendo, porém, a causa principal, segundo pude perceber, a amenidade do clima, que convidava os patrões a terem parte nos trabalhos de seus servos." À distância de uma página, contudo, lá vem a tinta carregada: "... basta ter um homem coloração de negro para ser tido em conta de sujeito sobre quem a tirania pode exercer-se livremente". O mesmo Luccock descreve o expediente cruel de que se valeu para a travessia de um banhado, em cacunda de preto.[7]

•

Dos três autores qualificados podemos concluir, saltando outras fontes, que não seriam muito negras as condições sociais do escravo no extremo sul. Pelo menos no tocante à "campeiragem" nas estâncias, aí graças ao próprio caráter do trabalho. Mas incompleto ficaria o quadro e com ares de falso idílio sem o depoimento de Arsène Isabelle; impressio-

---

[7]John Luccock, *Aspectos sul-riograndenses,* trad. do original inglês por Nelson C. de Melo e Sousa, Record, Rio, 1935, p. 58 e sgs. Referência: "Tendo tido necessidade de transpor, a desoras, em companhia de dois amigos, o trecho lamacento que bordeja a baía de Mangueira, lançamos mão de um expediente, aqui corriqueiro, mas que só um aperto pode justificar. Na estação das barcas topamos um par de negros a quem coagimos, mostrando-lhes nossas armas e convencendo-os de que fora inútil resistir, a carregar-nos através daqueles pântanos..."

nante é no capítulo XVIII da sua *Viagem* a descrição dos castigos, maus-tratos e sevícias a que estavam sujeitos os escravos no Rio Grande. Terrível é a página em que descreve uma cena de flagelação em Porto Alegre, ao lado do Arsenal e em frente a uma igreja. A tosar os excessos de Nicolau Dreys no registro do otimismo, aí ficam as sombras do quadro, amostra incompleta em que pressentimos a profundidade dos sofrimentos sem remédio, atenuados quando muito à luz de um critério relativo. Não tendo sido "insignificante", como diz um autor rio-grandense, foi bem modesto o contingente negro no Rio Grande, em comparação com as grandes levas entradas noutras regiões do país. Dentro dessas raias, acentuavam-se apenas duas exceções: a zona de intensa agricultura e os centros de charque.[8]

---

[8]Baseado em documento do Arquivo da Municipalidade de Pelotas, observa Jorge Salis Goulart: "Para se avaliar o número elevado de negros nas zonas de charqueadas, lembraremos que o número de escravos no município de Pelotas em 1833 regulava em 5000, fora mestiços não cativos que deviam ser em grande quantidade". E em outro passo da mesma obra: "Abre-se, entretanto, uma exceção para as zonas de intensa agricultura bem como para os centros de fabricação de charque como Pelotas e Porto Alegre, onde a natureza dessa indústria reclamava uma escravaria numerosa, a qual vergava ao peso dos mais árduos trabalhos. Nalguns centros de atividade agrícola de nosso Estado, como Piratini, onde havia abundante plantação de trigo, o elemento negro era apreciável. A estatística de 1814 dá para essa localidade a seguinte proporção demográfica: brancos, 1439; índios, 182; livres (de cor), 335; escravos, 1535..." V. Jorge Salis Goulart, *A formação do Rio Grande do Sul*, Livraria do Globo, Pelotas, 1927, p. 258-260. V. também as tabelas organizadas pelo desembargador Antônio Rodrigues Veloso de Oliveira (1819) em *A Igreja no Brasil*, ap. Afonso de E. Taunay, *Subsídios para a história do tráfico africano no Brasil colonial*, separata dos Anais do III Congresso de História Nacional, Rio, Imprensa Nacional, 1941, p. 675-676.

Ora, foi no ambiente pastoril que se formou a lenda do Negrinho do Pastoreio. Num meio ainda não atingido pela concentração industrial e onde o hábito da cotidiana dureza no mando, fator de controle considerado indispensável para a produção intensiva, ainda não se fizera inconsciência e calejamento, os casos de alta crueldade, as judiarias bestiais deviam forçosamente repercutir mais fundo na memória e deixar marcas mais sensíveis na vida sentimental dos simples, por menos amiudados.

De algum caso desses, mais impressionante, marcado a terror e piedade na lembrança dos campeiros, nasceu e cresceu aquela repulsa à crueldade humana que observamos na lenda, misturada a um desejo de compensação e de esforço que devia necessariamente vazar-se em vaga forma religiosa. Tornou-se mártir o negrinho enterrado na cova de um formigueiro, depois de morrer no castigo do açoite.

Para o seu transplante mítico evidentemente concorreram vários fatores, desde as baixas formas da crendice, ainda visíveis em resíduos do culto, até a profunda vibração de solidariedade humana que o transforma em símbolo de uma raça. Os elementos contidos no "causo" não justificariam plenamente o prestígio da lenda, se não resumisse o Negrinho tantos outros destinos de crianças que nunca tiveram infância, se ele não fosse o representante de todos aqueles negrinhos e negrinhas triturados na engrenagem da estrutura colonial.

Pois, pensando bem, não é o pobre moleque retratado por Saint-Hilaire que este vulto transparente nos sugere, presença da realidade sob a lenda?[9] Um destino qualquer de criança infeliz, naqueles tempos, muitas vezes tratado pelos nossos escritores, de Machado a Lobato, e ainda há pouco vertido em "novela de arrabalde" pelo poeta rio-grandense Athos Damasceno Ferreira.[10]

Por ter sido, assim, uma flor de poesia e verdade, uma síntese de velhos sofrimentos anônimos, repassada de ingênuo sentimento cristão e marcada pelo caráter do meio em que nasceu, é que essa "lenda", esse "reconto galponeiro", esse "mito pastoril" ainda vive no lume das velas votivas.

À sombra do seu vultinho leve, encolhido de medo, outras sombras se agitam, sentimos a interrogação de outros olhos inocentes e espantados, que nos perseguem do fundo de senzalas e galpões, como um remorso indefinível.

·

Não foi só nas veredas perdidas mato a dentro ou nas confusas encruzilhadas da imaginação popular que o Saci fez das suas. Pregou mais de uma peça a notáveis autores. Teschauer e Basílio de Magalhães, por exemplo, certa vez

---

[9]O mesmo tipo de moleque infeliz aparece nas últimas páginas de *The Voyage of the Beagle*. Cf. "I have seen a little boy, six or seven years old, struck thrice with a horse-whip (before I could interfere) on his naked head, for having handed me a glass of water not quite clean..." V. Charles Darwin, *The Voyage of the Beagle,* ed. Everyman's Library, 1936, p. 480. V. trad. brasileira de J. Carvalho, Cia. Brasil Editora, Rio, 1937, p. 468.

[10]Athos Damasceno Ferreira, *Moleque,* novelinha de arrabalde, Livraria do Globo, Porto Alegre, 1938. Revela-se a intenção do autor na epígrafe, transcrição de um trecho da lenda do Negrinho, na interpretação de Simões Lopes Neto.

enredaram-se em duvidosas interpretações, tudo por culpa do diabinho. Ele tem sido, mais ou menos, o símbolo da nossa fantasia mítica na sua face de vaguidade caprichosa, de diabrura anticonceitual e de magia travessa. Pula por cima das nomenclaturas, estraga as orgias honestas da pesquisa. Vive, para adotar uma expressão feliz de Mário de Andrade, "numa convivência acomodatícia como os mistérios".[11]

Vamos ao caso. Teschauer, em *Avifauna e Flora* (1925), apresenta o Negrinho do Pastoreio como variante do Curupira, transmudado por sua vez no Saci: "No Rio Grande do Sul só o conhecem os vaqueiros e gaúchos com o nome de Negrinho do Pastoreio, oferecendo-lhe algumas velas que acendem para acharem um animal perdido".

Em *O folclore no Brasil* (1928), Basílio de Magalhães sustenta a mesma tese, complicada ainda pelo equívoco de Barbosa Rodrigues, quanto ao berço de formação da lenda. Segundo o autor citado, o Saci passou de unípede a bípede: "Negrinho do Pastoreio foi como — por isso e por então andar mais nas estâncias do que nas veredas transitadas — passou a ser conhecido em certos rincões de São Paulo (afirma-o o fidedigno Barbosa Rodrigues), de onde provavelmente migrou a expressão para o Rio Grande do Sul, achando-se até hoje viva ali a crendice popular do Negrinho do Pastoreio, ao qual se deram pés dúplices". E completando a metamorfose, prossegue: "Na terra gaúcha, mais do que

---

[11]V. *Estudos afro-brasileiros*, Rio, Ariel, 1935, p. 39.

alhures, nimbou-se o mito, assim africanizado, com uma auréola de singular religiosidade".[12]

Tudo isto são artes do Saci; a hipótese apenas serve para complicar a própria simplicidade. Já em 1925, o erro de Teschauer mereceu o reparo crítico de Alcides Maya, em nota bibliográfica publicada no *Diário de Notícias* de Porto Alegre.[13] E é ainda Alcides Maya quem aponta a provável fonte do engano — a um e outro, Negrinho e Saci, manda a superstição que se ofereça um naco de fumo, conquanto, tratando-se do Negrinho, predomine a versão que recomenda

---

[12]V. *Avifauna e flora nos costumes, superstições e lendas brasileiras e americanas,* 3ª edição completa, Livraria do Globo, Porto Alegre, 1925, p. 111 e 112 e *O folclore no Brasil*, ed. Quaresma, 1928, p. 75. Recomenda-se, aliás, a obra de Basílio de Magalhães pela copiosa bibliografia, além de muita nota elucidativa, especialmente com referência à 2ª edição, melhorada e aumentada. V. *O folclore no Brasil*, Rio de Janeiro, Imprensa Nacional, 1939. No texto da reimpressão, vêm às p. 78-79 os trechos mencionados.

[13]V. *Diário de Notícias*, setembro-24-1925, a seção *Crítica*. Comenta Alcides Maya: "Neste assunto, há um ponto em que discordamos do autor: é o referente ao nosso Negrinho do Pastoreio... A linda, generosa e originalíssima lenda do Negrinho é rio-grandense, de gestação social nossa... Ela originou-se, por piedade e como desafronta e castigo, nos sofrimentos da escravidão". Roque Callage, desenvolvendo em *No fogão do gaúcho* um estudo sobre as nossas lendas, publicado no mesmo jornal, foi o primeiro a criticar a interpretação de Basílio de Magalhães. Reproduzindo os períodos referentes ao caso Saci-Negrinho, acrescentava: "Ao contrário do que pensa Basílio de Magalhães, a conhecida lenda rio-grandense não tem ligação alguma com o Saci brejeiro que de cachimbo apagado na boca ataca à noite o caminhante nas estradas. O Negrinho ou Crioulo do Pastoreio é exclusivamente nosso; pelo seu feitio, pelo papel que o mesmo representa na vida campeira e pelo seu próprio martírio, que é um dos tantos episódios reais da escravidão, ele se afasta por completo do Saci..." V. Roque Callage, "Lendas rio-grandenses", in *Diário de Notícias*, março-8-1925 e *No fogão do gaúcho*, ed. Livraria do Globo, 1929, Porto Alegre, p. 22-23.

ao devoto acender uma vela.[14] Dou aqui de presente aos curiosos do assunto outro laço de parentesco entre ambos, que me foi comunicado por um amigo: também o Saci, em determinadas circunstâncias, campeia as coisas perdidas, basta ameaçá-lo com o suplício da perna atada.

Mas a verdade verdadeira é que o Saci nunca foi primo do Negrinho, nem de perto, nem de longe. Falta-lhe humanidade e sofrimento. Ele não cabe na condição humana. Impossível tratá-lo com seriedade, porque não se dá respeito.

Quanto a dois pontos, parece-me ociosa a controvérsia: a tradição do Negrinho do Pastoreio é genuinamente rio-grandense: nascida no estrume da escravidão e refletindo o meio pastoril em que se formou, respira a mesma religiosidade que anda associada aos outros casos de escravos considerados "mártires", em formas de devoção agreste, seja uma "Santa Josefa", a escrava martirizada, tão popular em

---

[14]Alcides Maya, no mencionado artigo, refere-se a "... um indiozito das barrancas do Uruguai, que, compras feitas, pediu um naco de fumo ao caixeiro. — Pra quê? — Pra o Negrinho... Registrei no meu arquivo essa nota; e pareceu-me agora vir daí, dessa oblata de *crioulo* o equívoco do P. Teschauer". Na versão de Alfredo Varela, o voto é feito com o pedaço de vela e o naco de fumo... "coisas que dizia a lenda haverem sido vistas nas mãos do beatificado... e que supunham serem gratas a ele". Darci Azambuja assim descreve a promessa, confirmando aquela modalidade: "O negrinho ficara sendo o achador de tudo que se perde no campo. Cavalos extraviados, facas caídas do cinto, bombas de rédeas, dinheiro, tudo ele fazia voltar ao dono que lhe pedisse. Só por um biquinho de vela e um naco de fumo. A vela, para sua madrinha, que é Nossa Senhora e o fumo para ele, que é pintador". V. Alfredo Varela, *História da grande revolução*, Livraria do Globo, 1923, vol. VI, p. 311-312, e Darci Azambuja, *Contos rio-grandenses* (Leituras escolares), ed. Livraria do Globo, 1928, p. 154.

Cachoeira, Rio Grande do Sul, ou o enforcado de Mogi das Cruzes, segundo voz corrente na cidade, a propósito da capelinha de São Sebastião.[15]

Em todos esses casos reproduz-se o que poderíamos definir, forçando um pouco a expressão, a "imitação de Cristo" do nosso tosco martirológio negro. O Negrinho do Pastoreio, a "Santa Josefa", o preto Sebastião também não devem nada ao sincretismo religioso introduzido pelos africanos, ao enxertarem as formas originais do seu culto na tradição católica da Colônia. Não possuem nenhum fundo afro-brasileiro, mas apenas elementos formais de origem africana. O seu sentido é bem cristão, apesar de certa mescla acidental de paganismo.[16]

Se acaso correspondem às tendências da "piedade branca", mais tarde caracterizada pela propaganda abolicionista e literalmente estampada na *Cabana do Pai Tomás* e outras lágrimas de tinta, o que os extrema, apartando-os de qualquer veleidade "libertária", é a nota pessimista e mística.

---

[15]V. Emílio A. Ferreira, *Mogi das Cruzes. Dados históricos e notas diversas*, São Paulo, 1935, p. 30. Sobre a "Santa Josefa", v. De Paranhos Antunes, *História de Cachoeira*. Alcides Maya, *Tapera*, ed. de 1911, p. 125; Aurélio Porto, *Farrapiada*, Rio de Janeiro, Papelaria Velho, 1938, p. 49; Dante de Laytano, *Lendas do Rio Grande do Sul*, I. B. E. C. C., Comissão Estadual de Folclore, Publ. nº 7, Rio, 1956, p. 17.

[16]Parece-me oportuno assinalar, como Gilberto Freyre: "Salienta João Ribeiro o fato do cristianismo no Brasil ter concedido aos escravos uma parte no culto; de santos negros, como São Benedito e Nossa Senhora do Rosário terem se tornado patronos de irmandades de pretos... A religião tornou-se o ponto de encontro e de confraternização entre as duas culturas, a do senhor e a do negro; e nunca uma intransponível ou dura barreira".

O seu motivo é a crueldade humana, com o epílogo compensador no além-túmulo.

Havia lugar de sobra, dentro da religião santeira da Colônia, para outros nichos, que a devoção popular destinava aos seus "santos" improvisados, com a ternura de quem reconhece na imagem rude o próprio destino transfigurado pela fé. Modificando alguns traços secundários, admitindo por hipótese uma beatificação, não estamos longe das normas hagiográficas.

Acredito que tais casos devam ser considerados excepcionais, na história das manifestações religiosas do negro brasileiro. Mas também me parece que até hoje não foram devidamente estudados, apesar da sua singularidade. Nesse terreno, o negro continuava a ser "matéria etnográfica", importando muito mais conhecê-lo nas divergências, nas características que o distinguem do nosso comportamento de americanos ocidentalizados.

A lenda do Negrinho do Pastoreio "originou-se, por piedade e como desafronta e castigo, nos sofrimentos da escravidão", observa Alcides Maya. Ela é, sublinha o mesmo autor, "de fundo essencialmente cristão". Todos os intérpretes e folcloristas assim a compreenderam. As variantes observadas em Apolinário Porto-Alegre, Cezimbra Jacques, Simões Lopes Neto, Roque Callage, Alfredo Varela não lhe alteram a unidade fundamental.[17] Alfredo Varela, além de

---

[17] V. Apolinário Porto Alegre, *Crioulo do Pastoreio*. Biblioteca Rio-Grandense, Porto Alegre, 1875. Desta novela, só há notícia de um ex., pertencente a Walter Spalding.

indicar os traços predisponentes do meio em que nasceu, reproduz em nota a versão que ouvira nos pagos desde criança.[18] Quando Simões Lopes a estilizou com aquele grande sopro de poesia que é só dele, não foi infiel em detalhe senão para acentuar ainda mais o seu cunho crioulo e o seu profundo sentido religioso. Introduzindo, em comentário ao tema dominante, o motivo de Nossa Senhora, madrinha do Negrinho, "madrinha dos que a não têm", deu-lhe uma graça perfeita, uma luz mais viva, completando-lhe a harmonia de forma e de fundo. Será esse um dos raros casos em que o estilizador conseguiu transplantar uma linda criação anônima sem lhe deturpar a magia inimitável. Talvez porque em todos os escritos do regionalista pelotense reponta uma graça despretensiosa, uma força de humildade que não se encontram facilmente na feira literária. Estão sobrando no seu tema, por conhecer como ninguém a fatalidade dos seus limites. Porém, dentro deles, que recursos de intensidade e imprevisto! Basta ver como, na "Salamanca do Jarau", soube assimilar em proveito da sua arte as informações contidas no volume de Granada. Com os mesmos elementos, faz muito mais e melhor; onde o modelo rasteja, ele voa.[19]

A tradição do Negrinho do Pastoreio não ficou nas fronteiras da querência. N' *Os sertões* refere-se Euclides da Cunha às "rezas consagradas a São Campeiro, canonizado *in partibus*, ao qual se acendem velas pelos campos, para que

---

[18]V. *A grande revolução*, vol. VI, apêndice, p. 311.
[19]V. neste volume o estudo sobre a lenda da Salamanca do Jarau.

favoreça a descoberta de objetos perdidos". Quando Alcides Maya, num encontro casual, sustentou a origem gaúcha dessa criação anônima, replicou-lhe Euclides da Cunha que ouvira o relato nos sertões nordestinos — "o que atribuí então", comentava mais tarde o escritor rio-grandense, "e continuo a atribuir, ao fato de o terem ouvido e aprendido aqui soldados de infantaria do Nordeste em longo contato com as nossas populações campesinas".[20]

É conhecido esse entrelaçamento de motivos populares, a começar pelo repertório fundamental dos nossos cancioneiros, entroncando na importação do populário português ao longo de toda a costa, com variantes ou deturpações dos mesmos temas, muita vez também, de norte a sul, com surpreendente fidelidade aos modelos originais.

Tenha ou não tenha colhido Euclides da Cunha o relato diretamente, da boca do povo, certo é que já em Sílvio Romero encontramos a mesma informação, nos termos seguintes, reproduzidos aliás por Apolinário Porto-Alegre num caderno manuscrito de seu *Popularium sul-rio-grandense*: "Quando perdem um objeto, costumam invocar São Campeiro, personagem que não consta do calendário, e São Longuinho, patriarcas das cousas perdidas. A São Campeiro acendem velas pelos matos e campos. Para São Longuinho, quando encontram o objeto perdido, gritam: Achei, São Longuinho! Isto três vezes". Comentava então Apolinário:

---

[20] V. artigo mencionado, nota 13; e *Os sertões*, "O homem", cap. 3, "Religião mestiça".

"É pena que a averiguação seja tão perfunctória; porque parece que São Campeiro tem alguma relação com o Crioulinho do Pastoreio. No Sul também fazem-lhe sempre promessas para acharem objetos perdidos". E ao pé da página anotava ainda Apolinário, em sua letra quase deitada sobre a pauta do almaço: "*Rev. Bras.*, vol. I, p. 203".

Entro em tais minúcias para poder datar com a possível segurança a versão manuscrita de Apolinário Porto-Alegre, redigida portanto depois de 1879, quando já corria impresso aquele trecho de Sílvio Romero na *Revista Brasileira*; eram os estudos sobre a poesia popular do Brasil, fonte provável de Euclides, no passo mencionado.[21] Não traz indicação de data o códice de Apolinário — Caderno nº 13 do *Popularium:* Subsídios mitológicos, superstições, crendices e lendas — 91 páginas escritas de seu punho em folhas de almaço. De volta do exílio, em fins de 1895, pacificado o Rio Grande após a revolução federalista, retomava o solitário da Casa Branca o seu obstinado esforço de pioneiro.

Mas, ao deitar sobre a pauta a fina letra, aguda, limpa e decidida, muito inclinada e como a sugerir que o autor vai com pressa e não tem tempo a perder, mal sabia ele que o *Almanaque Peuser*, de Buenos Aires, já então divulgara em versão uruguaia a mais linda tradição gaúcha. *El Pasatiempo, almanaque literario, ilustrado, noticioso*, em seu número de 1890, havia publicado uma colaboração de Javier Freyre, Montevidéu, intitulada: "El Negrito del Pastoreo, Tradición". No estado atual das pesquisas, deve ser conside-

---

[21] V. Sílvio Romero. *Estudos sobre a poesia popular do Brasil,* Rio de Janeiro, Tip. de Laemmert & Cia., 1888.

rada esta a versão folclórica mais antiga.[22] Só em 1897 publica Alfredo Varela a sua primeira versão da "lenda do Negrinho", observando: "Notável é, todavia, que num meio em que a religião, abatida, perdera todo o lustre e renome, fosse ter origem um culto singular, como o do *Negrinho do Pastoreio*. Não conhecemos outro caso como esse, de santificação popular".[23]

O quadro cronológico da recolha dessa tradição em letra de fôrma cabe por agora nos seguintes limites: 1875: versão de Apolinário em novela; 1890, versão de Javier Freyre no almanaque da Casa Peuser; 1897, primeira versão de Alfredo Varela; 1906, versão de Simões Lopes Neto no *Correio Mercantil*; 1912, versão de Cezimbra Jacques em *Assuntos do Rio Grande do Sul*; 1933, segunda versão de Alfredo Varela.

Vaga é a referência de Juan B. Ambrosetti, que a recolheu em Corrientes ou no Alto Paraná. Dizia Ambrosetti: "En cambio de todos estos malos elementos, hay algunas almas buenas como, por ejemplo, la del *negrito del pastoreo*, que murió azotado por sus amos por una falta que no habia cometido".[24]

Do estudo comparativo das poucas versões conhecidas, algumas concordâncias ressaltam: o extravio de gado,

---

[22]Como versão folclórica em letra de fôrma é a mais antiga; Apolinário, em 1875, limitou-se a romancear a tradição.

[23]V. Alfredo Varela, *Rio Grande do Sul. Descrição física, histórica e econômica*, Pelotas, Echenique & Irmão, Editores, 1897, p. 377.

[24]V. Juan B. Ambrosetti, *Supersticiones y Leyendas*, Buenos Aires, s. d., col. La Cultura Argentina, p. 48.

por falta involuntária; o castigo ou suplício (estaqueamento no caso da versão uruguaia), provocando a morte do Negrinho; a ressurreição e beatificação popular; o culto ligado à perda de objetos. Em todas igualmente o castigo anda associado a um formigueiro, que serve de cova ao Negrinho.

Na versão uruguaia indica-se uma data aproximada: "Allá por los años de 1784"; aponta-se um lugar preciso: "en el departamento de Paisandu". O senhor cruel é um rico estancieiro português, o que logo dá a entender que a tradição procede do Brasil. No episódio do suplício, o Negrinho é estaqueado em cima de um formigueiro, para que morra aos poucos, devorado pelas formigas vermelhas. Nada consta sobre a ressurreição do supliciado, mas testifica-se a beatificação popular; o informante, além disso, traz ao pescoço um amuleto, pequena imagem representando o Negrinho, "uma espécie de muñeco pintado de negro... representava al *negrito del pastoreo*, y le servía como de amuleto contra ciertas adversidades de la vida".

Na versão de Apolinário Porto-Alegre, notamos a incidência de um motivo que não consta das outras versões, o da "sinhá moça", a filho do estancieiro, "meiga criatura", diz ele, "que influía no ânimo paterno, atenuando as faltas do moleque e impedindo muitas vezes castigos por ligeiras faltas". Em Simões Lopes Neto, pelo contrário, o filho do estancieiro, menino cargoso, mau como o diabo, enxota os cavalos da tropila e precipita o castigo. A "sinhá moça" parece desempenhar as funções de representante da piedade branca, nos recontos de senzala. Só depois do seu comovido pranto, recobra o crioulinho o alento e começa a remontar aos céus, transfigurado: "O crioulinho apareceu-lhe resplandecente, saudando-a risonho, entre brancas nuvens que foram se erguendo... se erguendo, até desaparecerem na profundidade dos céus. Ainda bem longe no espaço ela viu-lhe a mãozinha negra saudando-a num gesto".

Apolinário foi o único a atestar a sobrevivência do culto em Porto Alegre, isto é, num ambiente urbano: "Existe a apoteose da criança até na própria capital do Estado... a certas horas da noite, à beira das sarjetas, junto a chafarizes, à borda de poços, de lagoas, à margem enfim de água, acendem em geral três velinhas. São promessas que lhe fazem ao ar livre". Segundo ele, ritualmente são três os lumes votivos.

Na segunda versão de Alfredo Varela, menciona-se, além do coto de vela, um naco de fumo crioulo, elemento propiciador da promessa a que também se referem Alcides Maya e Darcy Azambuja. Em seu conto "Negrinho do Pastoreio", esclarece Darcy Azambuja: "O negrinho ficara sendo o achador de tudo que se perde no campo. Só por um biquinho de vela e um naco de fumo. A vela para sua madrinha, que é Nossa Senhora, e o fumo para ele, que é pitador". Alcides Maya refere-se a um gaúcho das barrancas do Uruguai que depois das compras feitas pediu ao caixeiro um naco de fumo. Para quê?, perguntou o homem, desconfiado. E o outro: pra o Negrinho...[25]

Em cotejo com as outras versões, a de Simões Lopes Neto, repassada de acento pessoal, muito mais complexa e

---

[25] V. nota 14.

mostrando a cada instante o punho do autor, toma o sabor de tema folclórico aproveitado conscientemente para uma estilização literária em que tudo parece a um só tempo disciplina de artífice e pura graça intuitiva. Haverá outro exemplo assim, de consonância perfeita, em nossa literatura? Mas aqui apenas importa o confronto com as outras versões, para que ressalte das divergências, embora já não caiba nos limites da pura documentação folclórica a sua "lenda do sul", momento raro de culminância na arte de contar.

Introduz no corpo da tradição as seguintes variantes, que não vejo noutras fontes: o menino mau, filho do estancieiro, personagem de relevo na desgraça do Negrinho; o motivo de Nossa Senhora, madrinha dos desvalidos; o lance importante das carreiras, pois o próprio herói da história é o corredor do parelheiro, e a corrida em cancha reta, essencial no caso, não se limita a servir de simples episódio, assumindo a importância de um clímax, dentro da linha da narrativa. É a carreira perdida que vai provocar a desgraça do Negrinho.

Como quer que seja, quando Simões Lopes Neto estilizou o nosso triste Negrinho do Pastoreio, reconto pastoril, não foi infiel senão para acentuar ainda mais o seu gosto amargo, de cousa vivida e sofrida, e o seu profundo sentido humano. Ele é uma síntese de velhas misérias humanas e talvez insolúveis. Basta a dor injustificável de uma criança para pôr em risco toda a harmonia moral da humanidade, dizia Dostoievski. Imaginar compensações possíveis, nesta ou numa outra vida, não apaga o terrível absurdo do seu martírio. É, quando muito, passar uma esponja, tentar esquecer. Mas o caso do Negrinho serve para mostrar que esse esquecimento é irrisório. Com o seu incurável egoísmo, os homens chegaram a transformá-lo num prestimoso piá que procura e acha as coisas perdidas...

Não há desfecho mais ingrato. Porque a tristeza do Negrinho perdura sob qualquer transformação ou adaptação como a essência divina, em certos cultos antigos, permanecia em qualquer forma de hipóstase.

O seu sentido pungitivo e profundo é o de uma constante acusação.

Prosa dos pagos

OS TEXTOS

Os textos desta edição foram extraídos de:

À sombra da estante, Rio de Janeiro: Livraria José Olympio Editora, 1947.

Camões, o bruxo, e outros estudos, Rio de Janeiro: Livraria São José, 1958.

Machado de Assis, 1935-1958, Rio de Janeiro: Livraria São José, 1958.

A chave e a máscara, Rio de Janeiro: Edições O Cruzeiro, 1964.

Preto & branco, 2ª ed., Rio de Janeiro: Grifo Edições, 1971.

A forma secreta, 2ª ed., Rio de Janeiro: Grifo Edições, 1971.

Prosa dos pagos, 3ª ed., Rio de Janeiro: Presença, 1979.

Os pêssegos verdes, organização e introdução de Tânia Franco Carvalhal, Rio de Janeiro: Academia Brasileira de Letras, 2002.

ÍNDICE ONOMÁSTICO

Abreu, Capistrano de, 7, 104
Afonso X, 59
Agostinho, Santo, 24
Alarcón, Juan Ruiz de, 242
Alencar, José de, 195
Al-Gazali, 78, 79, 80, 81
Algazel. *Consulte* Al-Gazali
Allen, Edward Heron, 100
Al-Ma'arri, Abu'l, 78, 80, 81
Alonso, Amado, 132
Alonso, Dámaso, 29, 74, 75
Alves, Castro, 152, 156, 158, 159, 160
Ambrosetti, Juan B., 272
Amendola, João, 74
Amorim, Antônio Brandão de, 7
Anchieta, José de, 52

Andler, Charles, 71
Andrade, Alfredo de, 198
Andrade, Artur, 198
Aranha, Graça, 164, 172, 175, 206
Araripe Júnior, 226
Aristóteles, 23
Arnóbio, 78, 79, 80
Assis, Carolina Augusta de Novaes Machado de, 175
Assis, Machado de, 11, 107, 141, 153, 162, 163, 164, 166, 167, 168, 169, 170, 171, 172, 173, 174, 175, 176, 177, 179, 181, 186, 187, 189, 192, 193, 194, 195, 199, 201, 205, 209
Ausônio, 26
Austen, Jane, 133

Avenarius, 23
Ayala, López de, 47
Azambuja, Darcy, 266, 274

Babbitt, Irving, 218
Bailly, Charles, 18, 19
Baldus, Herbert, 7
Baldwin, T. W., 87
Balzac, Guez de, 81
Balzac, Honoré de, 114, 129, 130, 131, 207, 212, 217, 222
Bandeira, Manuel, 53, 54
Barbi, Michele, 75
Barbosa, Rui, 19, 197
Barco Centenera, Martin del, 244
Baroja, Pio, 111
Barye, Antoine-Louis, 222
Basto, Claudio, 153
Bastos, C. Tavares, 73, 75
Baudelaire, Charles, 33, 34, 221, 222
Baum, Paul F., 58
Bayle, Pierre, 79
Beauvais, Vincent de, 59
Beeston, William, 87
Béranger, Pierre Jean de, 152, 153, 154, 159
Beuve, Sainte, 46
Blake, William, 120, 186
Blanchet, Léon, 81, 82
Blecua, José Manuel, 49
Boécio, 40
Boismont, Brière de, 188

Bolivar, Arduíno, 73
Borges, Jorge Luis, 78, 80
Boscán, Juan, 30
Braga, Teófilo, 148
Branco, Camilo Castelo, 207
Brandão, Raul, 7, 10
Brandes, Georg, 8
Brecht, Bertolt, 90, 91
Brentano, Clemens, 220
Brockes, Barthold Heinrich, 218
Brontë, Emily, 133
Brunschvicg, Léon, 79
Bruyère, Jean de La, 177
Buffon, Conde de, 13, 17
Burkart, Rosemarie, 47, 48
Burne-Jones, Edward, 98, 99
Byles, Edward, 98
Byron, Lord, 131

Cal, Ernesto Guerra da, 33, 142
Callage, Roque, 265, 268
Camões, Luís de, 9, 29, 30, 57, 180, 277
Carlyle, Thomas, 99
Carpeaux, Otto-Maria, 36, 126, 127, 134
Castel, Jean, 41
Cavalcanti, Guido, 31
Cervantes, Miguel de, 242
Champion, Pierre, 43, 44
Chapman, George, 99
Charlet, Nicolas, 222
Chateaubriand, René de, 33, 52, 53, 218, 221

Chaves, Gonçalves, 256
Ciruelo, Pedro, 238
Clément, Félix, 46
Cleópatra, 35
Coelho Neto, 228
Coelho, Gonçalo, 104
Coincy, Gautier de, 59
Coleridge, Samuel Taylor, 216
Comte, Augusto, 23
Condé, João, 129, 130, 131, 134
Conrad, Joseph, 131, 134
Corneille, Pierre, 32, 33, 35
Correia, Pedro, 52
Correia, Raimundo, 219, 220
Covarrubias, Sebastian de, 238, 239, 241
Craig, Hardin, 85
Crátilo de Atenas, 69
Cunha, Euclides da, 199, 224, 226, 228, 229, 269, 270
Cunha, Fausto, 9, 152, 160
Curtius, Ernst Robert, 40

Dante Alighieri, 31, 65, 72, 75, 98, 99, 232, 267
Daumier, Honoré, 222
Decamps, Alexandre Gabriel, 222
Delacroix, Eugène, 222
Demétrio, Blásio, 73
Dermenghem, Émile, 81
Descartes, René, 81
Deschamps, Eustache, 42

Dias, Gonçalves, 195
Diels, Hermann, 69
Dostoievski, Fiodor, 17, 110, 111, 112, 114, 115, 116, 117, 118, 119, 120, 121, 122, 124, 126, 127, 128, 131, 132, 163, 165, 168, 275
Dreys, Nicolau, 256, 258, 259, 261

Eckhart, Mestre, 28
Eichendorff, Barão de, 59, 61, 62, 220
Eliot, T. S., 72
Elliot, George, 133
Ercilla y Zóniga, Alonso de, 237
Estrada, Osório Duque, 220
Eulálio, Alexandre, 9
Evans, B. Ifor, 88

Feijoo, Benito Jerónimo, 239
Felipe II, D., 238
Ferreira, Atos Damasceno, 261
Fichte, Johann Gottlieb, 23
Figueiredo, Fidelino de, 212
Fiodorov, 124, 125, 126
FitzGerald, Edward, 98, 99, 100, 101
Flaubert, Gustave, 15, 16, 131, 153, 210, 211, 212, 215, 217, 222
Flusser, Vilem, 18
Focillon, Henri, 139

Fontes, Martins, 198
Fourier, Charles, 121
France, Anatole, 196
Freud, Sigmund, 124
Freyre, Javier, 271, 272
Fróes, Heitor P., 73

Gallop, Rodney, 243
Garibaldi, Giuseppe, 255
Garrett, Almeida, 103, 136, 137, 139, 140, 141, 142, 144, 145, 146, 147, 148, 150
Gautier, Théophile, 222
Géricault, Théodore, 157
Germain, Gabriel, 22
Gide, André, 114, 124
Gilson, Étienne, 40, 78, 79, 80
Gobineau, Conde de, 102, 103, 105, 106, 107, 108, 109
Goebel, Friedrich, 22
Granada, Daniel, 241, 244, 245, 246, 247, 248, 269
Grieco, Agripino, 153
Gros, Antoine, 222
Guanabara, Alcindo, 195, 196
Guardini, Romano, 123
Gumplowicz, 225, 226, 228

Hardy, Thomas, 133
Hartmann, Eduard von, 28
Hegel, Friedrich, 23, 24
Heine, Heinrich, 62, 152, 154, 156, 157, 158, 159, 228

Heinermann, Theodor, 143, 150
Heráclito, 68, 69, 70, 71, 230
Herculano, Alexandre, 146, 149
Hesíodo, 70
Hilário, Santo, 82
Hobbes, Thomas, 226
Homero, 11, 22, 91,
Horácio, 20
Hourticq, Louis, 222
Hugo, Victor, 221
Hyde, Thomas, 98

Ibsen, Henrik, 37
Isabelle, Arsène, 260
Isaías, 40

Jacques, Cezimbra, 268, 272
James, Henry, 134
Jarl, Ottar, 105, 109
Joseph, Miriam, 87, 88
Jovy, Ernest, 81

Kant, Emmanuel, 123
Keller, John Esten, 62
Khayyám, Omar, 97, 98, 99, 100, 101
Kierkegaard, Sören, 126
Koch-Grünberg, Theodor, 7
Kranz, Walter, 69
Krause, Anna, 48

Laclos, Choderlos de, 178
Laet, Carlos de, 202, 203

Lapa, Manuel Rodrigues, 50, 51
Leão, Múcio, 163
Léry, Jéan de, 104
Lins, Álvaro, 214, 216
Lisboa, João Francisco, 10
Lisle, Leconte de, 221, 222
List, Paul, 132
Lopes Neto, Simões, 11, 234, 235, 246, 256, 263, 268, 272, 273, 274, 275
Luccock, John, 259, 260
Luciano, 58, 59

Machado, Antonio, 48
Magalhães, Basílio de, 263
Magalhães, Couto de, 7
Magalhães, Fernão de, 104
Maistre, Xavier de, 139, 141, 162, 196
Mann, Thomas, 132
Manrique, Gómez, 46
Manrique, Jorge, 43, 46, 47, 48, 49, 50
Manzoni, Alessandro, 132, 133
Martineau, Henri, 58
Marx, Karl, 122
Maya, Alcides, 265, 266, 267, 268, 270, 274
Mazarino, Cardeal, 81
Meier, Harri, 143, 150
Mendoza, Ruy Días de, 46
Menéndez y Pelayo, Marcelino, 46, 78, 238

Menger, Anton, 120
Méril, Édélestand du, 46
Mérimée, Prosper, 58, 59, 61, 108, 180
Meyer, Augusto, 7-11
Meyer, Sara, 10
Michelet, Jules, 222
Milton, John, 186
Miranda, Sá de, 50
Moltke, Conde, 160
Momigliano, Attilio, 132
Montesquieu, Barão de, 23
Morris, William, 98, 99
Moser, Gerald, 214

Nabuco, Joaquim, 175
Nemésio, Vitorino, 136, 148
Nerval, Gerard de, 33
Nicholson, Reynold A., 101
Nicolas, J. B., 99
Nietzsche, Friedrich, 8, 71, 128, 174
Nimuendaju, Curt, 7
Nóbrega, Manuel da, 104
Norton, Charles Eliot, 99
Novalis, Friedrich, 220

Obrigado, Rafael, 250
Oliveira, Paulo M., 73
Orléans, Charles d', 43
Ortega y Gasset, José, 111
Ortigão, Ramalho, 213, 214
Otto, Rudolf, 27, 28
Ouseley, Gore, 98

Palacios, Miguel de Asin, 78
Paris, Gaston, 44, 45
Pascal, Blaise, 35, 78, 79, 80, 81, 82, 180, 252
Patrocínio, José do, 171
Paulo, São, 40
Pauphilet, Albert, 44
Payne, John, 100
Peacham, Henry, 87
Pedro II, D., 109
Peixoto, Afrânio, 198
Pequeno, Evandro, 134
Pereira, Astrogildo, 199
Petrarca, Francesco, 31
Pézard, André, 77
Pirandello, Luigi, 37
Pitágoras, 71
Platão, 99, 121
Platen, August von, 53
Poe, Edgar Allan, 220
Pompéia, Raul, 198
Pope, Alexander, 99
Porto-Alegre, Apolinário, 268, 270, 271, 273, 274
Pozner, Wladimir, 110
Proudhon, Pierre Joseph, 122
Proust, Marcel, 8, 17, 37, 115, 130, 191, 218, 221
Purgstall, Von Hammer, 98
Puttenham, George, 87

Quaritch, Bernard, 97, 98, 101
Queirós, Eça de, 17, 33, 67, 142, 153, 178, 179, 208, 212, 215, 217

Quintana, Mário, 179

Radclife, Ana, 110
Raffet, Debis-Auguste-Marie, 222
Ramnoux, Clémence, 69
Rawet, Samuel, 9
Renan, Ernest, 153, 222
Retz, Paul, 34
Ribeiro, João, 267
Richelieu, Cardeal de, 81
Rimbaud, Artur, 223
Rio, Martin del, 238
Rochefoucauld, Duque de La, 34, 175
Rodbertus-Jagdetov, 122
Rodrigues, Alfredo Ferreira, 256
Rodrigues, Barbosa, 7, 264
Rojas y Zorrilla, Francisco de, 242
Rojas, Ricardo, 250
Romero, Sílvio, 270, 271
Rónai, Paulo, 130
Roosevelt, Teodore, 226
Roquette-Pinto, E., 7
Rosa, João Guimarães, 18
Rossetti, Dante Gabriel, 98, 99
Rousseau, Jean-Jacques, 121
Rückert, Friedrich, 98
Ruskin, John, 99, 218

Sá, Mem de, 104
Saint-Hilaire, Auguste de, 253, 254, 256, 257, 258, 259, 262,

Saint-Hilaire, Geoffroi, 212
Salinas, Pedro, 48
Salomão, 40
Sánchez, Ferrant, 46, 47
Santos, Generino dos, 73
Schneider, Hermann, 39
Scott, Walter, 212
Sebond, Raymond de, 79
Sérgio, Antônio, 213, 215
Shakespeare, William, 84, 86, 87, 93, 94
Shelley, Percy Bisshe, 218, 220, 223
Siciliano, Italo, 40
Silesius, Angelus, 28
Silhon, Jean de, 80, 81, 82
Silva, Da Costa e, 7
Simões, João Gaspar, 211, 214
Sirmond, Antoine, 78, 80, 82
Sismondi, Simonde de, 122
Soloviov, Wladmir, 124, 125
Spencer, Herbert, 226
Spenser, Edmund, 84
Spitzer, Leo, 43, 48
Stendhal, 131
Sterne, Lawrence, 139, 140, 162, 196
Stradelli, Ermano, 7
Strindberg, August, 37
Sue, Eugène, 110
Swinburne, Algernon Charles, 98, 99

Taillandier, Saint-René, 154
Taine, Hippolyte, 225, 226
Talavera, Sánchez, 46
Tassy, Garcin de, 98
Tavares, José Pereira, 147, 148
Techo, Nicolás del, 244
Teschauer, Carlos, 234, 246, 247, 263, 264, 265, 266
Thevet, André, 104
Thibaudet, Albert, 16
Thompsom, Stith, 58
Thompson, William, 122
Thuasne, Louis, 40, 41, 44
Tieck, Ludwig, 62, 220
Todi, Jacopone da, 41
Torreblanca, Francisco de, 239, 241
Tourneur, Zacharie, 78
Trelles, José Alonso y, 34

Valera, Juan, 46
Valmar, Marquês de, 61, 62
Varela, Alfredo, 268, 272, 274
Vasconcelos, Simão de, 52
Veríssimo, José, 196, 199
Vernet, Joseph, 222
Vespucci, Américo, 104
Villar y Macias, M., 240, 241
Villegaignon, Nicolas Durant de, 104
Villon, François, 39, 40, 41, 42, 43, 44, 45, 46, 51

Virgílio, 72, 232
Vogelweide, Walter von der, 36, 37

Wagner, Richard, 59
Wallace, Edgar, 110
Watteau, Antoine, 222
Weininger, Otto, 24

Willcock, G. D., 84
Wilson, Dover, 93
Wilson, Thomas, 87
Woolf, Virginia, 134
Wundt, Wilhelm, 23

Zola, Émile, 213, 214, 217

Este livro foi impresso nas oficinas da
DISTRIBUIDORA RECORD DE SERVIÇOS DE IMPRENSA S.A.
Rua Argentina, 171 – Rio de Janeiro, RJ
para a
EDITORA JOSÉ OLYMPIO LTDA.
em janeiro de 2008

*

76° aniversário desta Casa de livros, fundada em 29.11.1931